# 評伝 管野須賀子

〜火のように生きて〜

堀 和恵

郁朋社

# はじめに

私はさわやかな風を感じながら、ゆったりと流れる堂島川をながめている。水晶橋の橋脚のアーチが美しい。コンクリート製のアーチの上には、さらに九つの小さなアーチが組み込まれている。重厚さの中にどこか軽やかさも感じさせる橋だ。そして対岸の中之島には、レトロな中央公会堂が建っている。

ここは、大阪市北区西天満二丁目。明治の頃は絹笠町と呼ばれていた。この地で一八八一年（明治一四年）、一人の女性が生まれている。管野須賀子である。

明治の世を震撼させた大逆事件。管野須賀子は、この事件で死刑を執行された一二人の中で、唯一の女性である。史上、「大逆罪」で断罪された唯一人の女性でもある。

大逆事件そのものが、「フレームアップ（でっちあげ）」であったことは、戦後徐々に明らかにされてきた。だが、管野須賀子については「妖婦」「毒婦」といった虚像がつきまとい、正当な評価がなされてこなかったと思う。

偶然にも、私は彼女と誕生日が一緒であった。六月七日。そして同じ大阪のここから五キロ南の天王寺で生まれている。この事を知ったのはいつ頃だったろうか。何かに衝き動かされて、私は今、水晶橋のたもとに立っている。

管野須賀子のことを調べていくうちに、私はいくつかの共通点に気づいた。私も継母に育てられ、高校を中退している。小学校を中退せざるをえなかった彼女の悔しさは、自分と重なる。

須賀子の「妖婦」の虚像は、明治政府の巧妙な情報操作の結果でもあった。私は須賀子の素顔を求めて、彼女が駆け抜けた、大阪、和歌山、東京の地を訪ねてみたい。

振り返れば、一一階建ての大阪高等裁判所が見えた。常時、二〇人の警備員が出入り口の監視を続けている。その屋上を見上げると秋空のなか、あざやかな日の丸が屹立していた。警備員たちは、いったい何を守っているのだろうか。またあざやかに立つ日の丸を、もし今彼女が見たとしたら、どう思うのだろうか。

梅田に向かって、北に歩いてみる。しばらく行くと右手に大きなお寺が見える。太融寺《たいゆうじ》だ。一八八〇年（明治一三年）の三月から四月にかけて、この太融寺には大阪、京都の他二二県の一〇万人の代表一一四人が集まった。愛国社の第四回大会が開かれたのだ。この時、愛国社は国会期成同盟と改称された。まさにここは自由民権運動が最高潮を迎えた地だ。

その約一年後、管野須賀子がこの地に生まれることになる。

**【中之島・北浜　周辺の地図】**

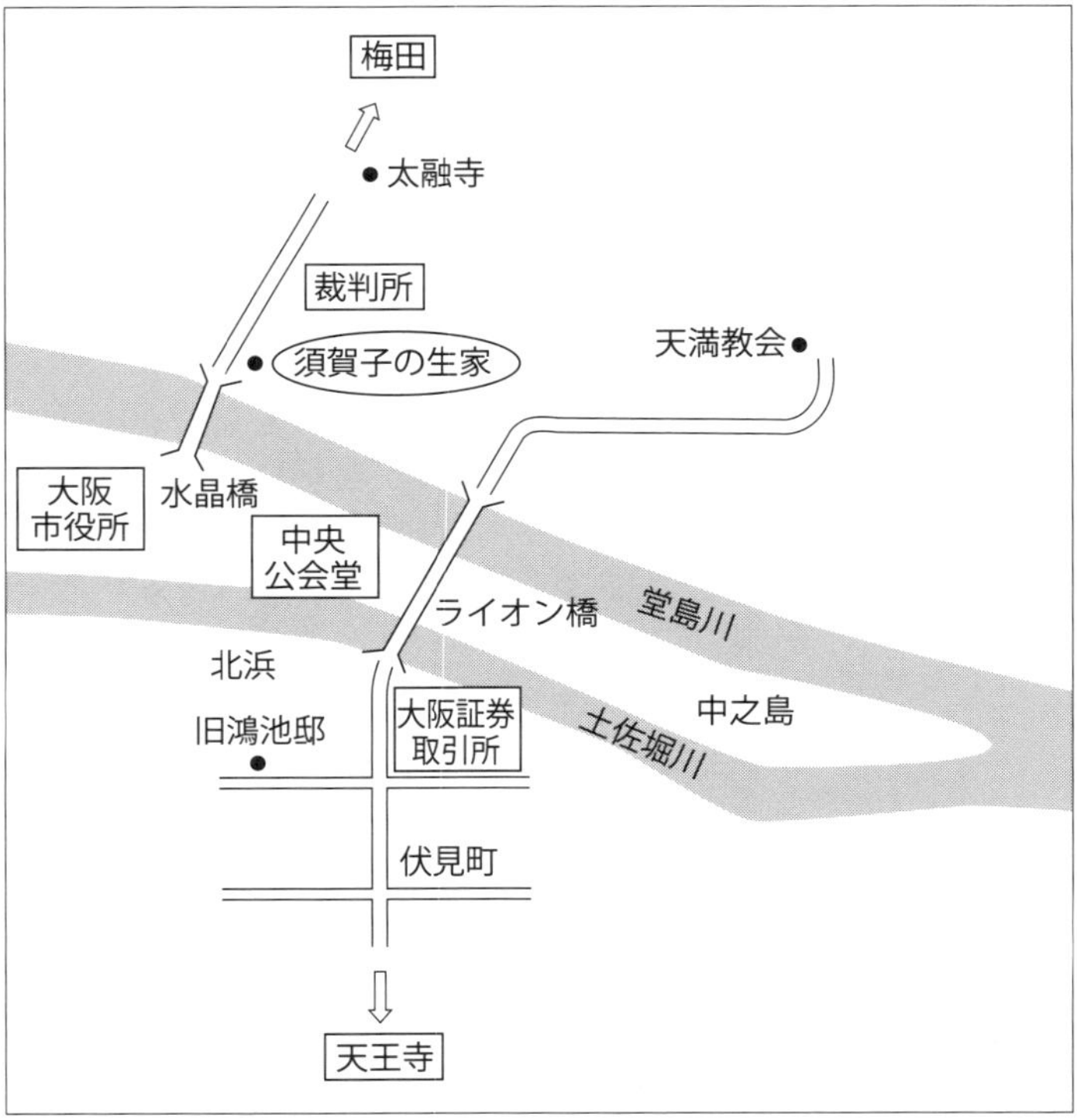
梅田
太融寺
裁判所
須賀子の生家
天満教会
大阪
市役所
水晶橋
中央
公会堂
ライオン橋
堂島川
北浜
旧鴻池邸
大阪証券
取引所
中之島
土佐堀川
伏見町
天王寺

# 評伝　管野須賀子／目次

装丁／根本比奈子

# 第一章　没落士族の娘

## （1）浮沈の中で

### 士族の娘の誇りとお転婆

管野須賀子は一八八一年（明治一四年）、父管野義秀（三三歳）と母のぶ（二五歳）の長女として生まれた。父義秀は京都所司代に仕えた武士で、母のぶも京都の武士の娘であった。

須賀子は「私は士族風の頑固なる家庭に育った」と自身の文章で述べている。また彼女の文章によると、維新後の父は裁判官となり、やがて代言人（のちの弁護士）に転じたとある。代言人の仕事の都合もあり裁判所の近く、旧絹笠町に居を構えたのであろう。

そして、父義秀は「根が頑固な一徹者」であったという。義秀はやがて、「官途を辞」して鉱山事業家（山師）となった。須賀子が生まれる六、七年前のことである。須賀子が生まれた頃、父義秀の事業は成功していて、彼女の家はそうとう裕福であった。

その後、一八八四年（明治一七年）には弟正雄が生まれ、さらに一八八九年（明治二二年）には妹のヒデが誕生した。また、一八七六年（明治九年）に生まれていた兄の益雄と祖母のりえを合わせると七人家族となった。家族がふえてきたため、管野家は北区絹笠町から東区伏見町の大きな家に引越し、須賀子は近くの今橋小学校（四年制）へ入学した。

二〇一七年夏、私は伏見町（現在の中央区伏見町）を訪ねてみることにした。クーラーのよく効いた地下鉄北浜駅から、地上に出る。夏の太陽が眩しい。突然現れた、巨大な銅像にびっくりする。大阪証券取引所の五代友厚《ごだいともあつ》像だ。高さは七・六メートル。像を見上げながら、堺筋を南に歩く。しばらく行くと左手に三井住友銀行のクラシックな建物が見えてきた。この一つ向こうの通りに、東西にあるのが伏見町だ。

このあたりは北船場とも呼ばれ、明治時代の頃も大阪経済の中心地であった。伏見町のすぐ北には今橋通りがある。そこには大阪の豪商、鴻池の大邸宅があった。かつて「大阪の富の八分は今橋にあり」といわれた鴻池である。間口は三六間、奥行き二〇間、表屋《おもてや》造りの巨大な邸宅であった。

須賀子も、幾度かこの邸宅の前を行き来しただろう。鴻池の大玄関の前には、金網の中に二羽の鶴が飼われていた。

さて明治の頃、伏見町の須賀子の家には、梅、留、松などの「下女」もいたという。また、今橋小学校は船場の裕福な商家の子どもたちが通っていたが、「此頃洋服を着て居たものは私一人」だったという。当時一般には、まだ洋服はきわめてまれで珍しいものだった。しかし、彼女の両親は娘の衣服として洋服を積極的に採用していて、彼女は「何日も洋服を着て通して」いたという。

須賀子は、どのような子どもであったのだろうか。半自伝小説「おもかげ」（『大阪朝報』連載）からみてみよう。（なお原文では、妾《わらわ》という謙譲の言葉が使われているが、私としている。また現代仮名遣いに直した箇所もある）

まずは幼い頃の話。

私はだんだん一つずつ年を重ねるにしたがって、お転婆になってきて、なかなか手に合わない子どもであった。遊びなどもしたがって荒々しく、女の子らしいところは一つもなく……。

たしか五歳の春のお年越しの日、男の子ばかり六、七人と堂島川へ川遊びにいった。岸につながれていた小船に乗って中之島に遊びにいこうというのである。年嵩の男の子が、「嬢ちゃんは、あぶないからお止し」ととめるのも聞かないで小船に飛び乗り、堂島川に落ちて、もう少しで水死するところだった。

男まさりの負けん気の強い子どもであった、須賀子のおもかげがこの話からうかがわれる。次に、今橋小学校に入学して半年ばかりがたった頃の話。大阪府知事（？）が参観に来たことがあり、成績の優れていた須賀子は男子の首席者と二人だけ褒美をもらった。

私はただ嬉しくって嬉しくって……何にしても初めて戴くご褒美ですから、嬉しいのも無理はありませんが……。小学読本巻の一と、大筆一対と、賞状——其《そ》れを戴いて手に持った時のうれしさ、鬼の首でも取ったように確《しっか》りとかかえ込んで、一刻も早く母様にお目に掛けて、褒めて戴きたいと思って、二階の教室から自分のお包みを持ち出して、その中に嬉しさと、ご褒美を一つに包んで、魂も身にそわず、皆に先立って、梯子段のところへ来て、一二段下りかけますと、何《ど》うしたはずみか、足をふみ外して、横さまにごろごろと下まで転げ落ちました。

才気煥発な須賀子が、嬉しさのあまり、梯子段から転げ落ちてしまうのが微笑ましい。

須賀子はこのように裕福な家庭で、両親の愛情を受け、利発に育っていった。

## 逆境にたえる

須賀子の人生にはじめての逆境がおそうのは、一八九二年（明治二五年）である。母親の、のぶが三六歳で結核のためこの世を去ったのである。その数年前から、父親の鉱山業に不振のきざしがあり、一家は東京に出て幾度か引っ越している。そして大阪の北区臼屋《うすや》町に落ち着いた頃、須賀子は盈進《えいしん》高等小学校（四年制）に進んでいた。

母ののぶは利発だった須賀子に対し、「力のとどくだけ完全な教育をして、決して人に笑われないような人間に成育」しようと考えていた。だが急速に困窮化していく家の中で、須賀子は母親がわりに弟妹たちの世話をしなければならず、盈進高等小学校を二年で中退している。須賀子、一一歳の時である。弟の正雄は八歳、妹のヒデはまだ三歳であった。男まさりで勉学の好きだった須賀子が、「ぐっ！」と唇を噛み締める姿が目に浮かんでくるようだ。成績優秀の賞状は、何度取り出して見たことだろうか。それだけが、幼い須賀子の心の支えであっただろう。

その後、一家は北区松ヶ枝町に移っている。そして父義秀は戸籍上では再婚していないが、後添い、須賀子たちにとっては継母を家に入れた。一徹者の義秀の鉱山に対する執念は衰えず、病弱だった兄益男と祖母を大阪に残し、一家は四国、九州の地を転々としている。

須賀子自身の言葉によれば、「父に従って鉱業の為、伊予国西宇和に至る、山間不便の地なるを以て、学校に通う事を得ず、僅《わず》かに裁縫の稽古と、読本の素読位の家庭教育を受く」と記されている。愛媛県下には銅山が多い。父義秀はこの山間の地で、学校に通わせることのできない娘に、忙しい仕事の合間をぬって自ら読本の素読をさせたのだろう。須賀子に対する父親の切ない愛情を感じる。また須賀子も懸命に読本を音読した。須賀子の声が、さえざえとした夜の空に吸い込まれていく。文章こそが、言葉こそが、自分自身を天の高みへと引き上げてくれると感じていた。須賀子は姿勢を正し、顔を上げて読み続けた。

だが四国での鉱山探しもうまくいかず、今度は九州へと渡ることとなる。大分県直入《なおいり》郡竹田町（現在の竹田市）である。うれしいことに、須賀子はこの地で再び学校に通うことができた。「更に豊後国直入郡竹田町に転ず、此時恰《あたか》も小学校内に、補習科として比較的高等なる学科を授くる設《もう》あり直ちに入学して、同科を卒業す」と須賀子は記している。

大分県の竹田町では比較的平穏な生活を送っていたが、大阪にいた兄益雄と祖母りえが大病にかかったという知らせが届き大阪に帰っている。兄益雄は看病の甲斐なく、一八九六年（明治二九年）、二〇歳で死去した。祖母も益雄の後を追うように翌年死没した。須賀子一五歳のことであった。

のちに須賀子は、この頃のことをこう書いている。

「此両人の看護の労を、一人の手にとりしが為、久しく修学の余暇無く、加うるに、家事の困難に際し、其後も尚修学の志を達する能わず」

経済的に余裕があれば、男子は旧制中学、女子は女学校に進学した。当時の女学校では良妻賢母教育がおこなわれていた。「良妻賢母」の教えを受けてはいない、ということも彼女の特質の一つとなっていく。女学校に通う娘たちとすれ違う時、須賀子はことさら胸をはろうとしたのではあるまいか。『今に、今に！』との勁《つよ》い思いが、須賀子の足を速めさせたことだろう。

ここで須賀子の名前について整理しておきたい。大阪の北区絹笠町で生まれた時、区役所に届けられた初めの名前は「すが」であった。のち「スガ」と改まっている。大分の役所が勝手に変更したのである。しかし、彼女は新聞記者になった時からずっと「須賀子」と名のっている。雅号は「幽月」である。この評伝では「須賀子」で、彼女の生涯を振り返っていきたい。

向学心旺盛で、自らの精神的支柱を激しく求めた須賀子であったが、大分県の竹田町で学んだのが、学校教育としては最後となった。

## ゆがめられた須賀子の実像

管野須賀子に関しては、須賀子と一時結婚していた荒畑寒村（一八八七年〜一九八一年）の『寒村自伝』が、長い間尊重されてきた。『寒村自伝』では、須賀子は「幼少の折から継母のために苦しめられた」と書かれている。だが、継母については須賀子はそのようには、書いていない。須賀子は刑死する五日前の一九一一年（明治四四年）一月二〇日に、彼女の獄中日記「死出の道艸《みちくさ》」にこう書いている。

雪！　雪には思ひ出の数がある。亡き母上と共に眺めた別荘の雪、父上や継母と共に遊んだ有馬の雪、兄や妹と語り暮らした住吉の雪。

感情の行き違いがあったやもしれないが、須賀子にとって継母は、共に有馬で遊んだ懐かしい思い出の人でもあった。また須賀子は、のちに「四人の母上」という文章を書いていて、「一は肉の母、一は義理ある母、一は情の母、一は霊の母なり」と記している。「情の母」は継母であろう、と考えられる。

『寒村自伝』は五回書き直されている。同書は、社会主義者としての自らの歴史を書いたものである。須賀子に関しては、加筆修正が長い年月をかけておこなわれている。

寒村は須賀子と、一年余り結婚することになる。しかも、寒村が獄中にある間に、須賀子は幸徳秋水と暮らし始めたのだ。秋水は一〇歳年上、寒村は六歳年下である。若い寒村の胸中は、いかばかりであったか。そしてその後、須賀子と秋水は、大逆事件で刑死をする。寒村の心の中に、永遠の激しくて複雑な愛憎の念が残されたのではないだろうか。

『寒村自伝』では、須賀子は「一種の艶冶《えんや》な色気を漂わせていた」と表現されている。また荒畑寒村によると、須賀子は「少女の折、継母の奸策で旨をふくめられた鉱夫から陵辱された」という。（この件について、記してあるのは『寒村自伝』だけである）

この件の後、須賀子の人生は「放縦淫逸な生活に沈湎《ちんめん》」し、「さまざまな男と浮名を流す」ものになっていった、と寒村はいう。そして「そういう境遇に対する反省と自己嫌悪の念に駆られて」キリスト教に近づき、社会主義へと接近していったとする。

「大逆事件」そのものが、「フレームアップ（でっちあげ）」であったことは、戦後徐々に明らかにされてきた。だが、処刑された唯一の女性、須賀子については「妖婦」「毒婦」といった虚像がつきまとい、正当な評価がなされてこなかった。これは、『寒村自伝』の影響が大きいのではないだろうか。
　この評伝では、できるだけ須賀子自身が書いた文章をもとに、彼女の実像に迫っていきたい。

## 自立をめざして

　兄が死に、ついで祖母の死を看取った須賀子は、貧しさのどん底にあった家で一七歳を迎えようとしていた。母の死、父の仕事の失敗。逆境の中で、遂《つい》に小学校しか出ることができなかった。だが須賀子には、父親ゆずりの「強情な負けず嫌い」と、没落士族の娘としての意地と誇りがあった。須賀子は自分の手で自らの将来を切り開こうとした。のちに大阪朝報入社の際、社長の永江に提出した「経歴書」にはこうある。

　遂に断然意を決して、単身東京に出で、苦学医を修めんとす、其前に当たり、先ず自治の道を求めんが為、京橋区某看護会に入会す、後赤十字社に入らんと欲して試験を受け合格す。

「苦学医を修めんとす」という言葉に、須賀子の強烈な上昇への意志が感じられる。日本の女医第一号は、荻野吟子であった。それに続いた高橋瑞子は、産婆の仕事で学費を稼ぎながら、勉学に励む日々をおくった。女性の社会的地位が低く、また不安定であった時代に、彼女らの奮闘は須賀子に眩しいほどの希望を与えたことだろう。

だが、ここでも須賀子は父親からの影響を受けざるをえなかった。須賀子の半自伝小説「露子」には次のような文章がある。

夜になって父から事業の失敗をうめ合わせるため、十万円の資産があるが、愚か醜男子の宮本幸一の妻になれと進められる。(中略)露子はいやでいやでならないが「助けてくれ」と両手を合わせての父の懇願についにまかされる。

小説なので、どこまでが真実かはわからないが、須賀子は一八歳で小宮福太郎と結婚をしている。夫の福太郎の家業は中村屋と呼ぶ雑貨商で、かなりの商家だった。番頭や小僧も使い、両替商も兼ねていたらしい。

だが商売を営む小宮家での暮らしは、須賀子にとってみじめなものであった。なじむことのできない夫、いじわるな姑、使用人までが須賀子に冷たい視線を向けた。常に本を手元に携えていた須賀子は「女のくせに」と、非難されたのではなかろうか。

須賀子は家の片隅で本を抱えて、じっと暗闇を見つめた。

『この家の外には、もっと広い世界があるはずだ。男子と互して、私は活躍していきたい』

——だが、それにはどうやって……？

## (2) 逆境からの脱出

### 須賀子、もがく

小宮家の片隅で、もがいていた須賀子。やがて彼女の胸に、一つの思いが生まれてきた。『書きたい』——その思いが次第に確かな形をとった時、彼女は風呂敷を手にした。そして身の回りの物を風呂敷にまとめると、キュッと強く結んだ。

封建的な商家の暮らしには、おさまりきれない須賀子。嫁いで二年後、中風になった父親の介護をするという名目で、須賀子は小宮家を飛び出した。

一九〇二年（明治三五年）、二二歳の須賀子は再出発を期するのである。

しかし、「文章を書く」とはいったものの、どうすればいいのだろうか。途方に暮れる須賀子であったのではなかろうか。ここに、小さな幸運が須賀子のもとに訪れる。

須賀子の弟正雄が、須賀子が婚家を飛び出した頃、宇田川文海《うだがわぶんかい》（一八四八年～一九三〇年）のところに弟子入りをしたのだ。宇田川は大阪の新聞界で活躍した人物であった。『朝日新聞』（大阪）で、「社会進歩　蜃気楼」「爆発奇談　午睡夢《ひるのゆめ》」などの新聞小説で人気を博した新聞記者・政治小説家であった。

宇田川は、自ら改革に立つ女性に期待を寄せていた。

## 新聞記者に

「出会い」とは、不思議だ。それを激しく求める強い思いが、「人」を引き寄せるのである。

天性の優れた知性を持ちながら、小学校補習科で終わってしまった須賀子。封建制の色濃く残る明治の世で、何物かに挑んでいきたい強い気持ちを抱えたまま、自らの立つ場所さえも、いまだ掴《つか》めていなかった。

そんな須賀子を見い出してくれたのが、宇田川文海であった。弟正雄に続いて、小宮家を出た須賀子も宇田川に師事した。「筆を以《もっ》て世に立とう」という須賀子の強い思いは、宇田川の心を動かした。また宇田川は、須賀子のことを「太平の奸賊《かんぞく》、乱世の英雄肌」と評した。須賀子の中に眠る、大きな原石の煌《きら》めきを感じ取ったのかもしれない。

須賀子は宇田川のもとで、自らの人生を振り返りながら小説を書き始めた。宇田川が編集していた天理教機関紙『みちのとも』へ作品を発表し、原稿料も得ることができた。小説では、幅広い古典の知識や広い教養を持つ宇田川の影響を受けることも多かった。だが、筆が社会に向く時には、須賀子独自の思いが激しくほとばしっている。宇田川の教えを受けながら、須賀子独自の作品を仕上げていったのだ。

一九〇二年(明治三五年)七月、宇田川の友人永江為政《ながえためまさ》(大阪経済社社長)が、『大阪朝報』を創刊し記者を募集した。宇田川は須賀子を連れて永江を訪ね、本人が新聞記者を希望しているので、入社させてほしいと依頼した。だが、永江は「婦人は新聞記者として不適当」であると断わった。だが、宇田川は「君の婦人観が誤まれるや否やは試験をせられたら分かる」といい、須賀子の作品二つと彼女の手紙を添付して提出した。作品二つとは、小説「あしたの露」とエッセイ「黄色眼鏡《こうしょく》」である。またこの時の須賀子の手紙が、後の『大阪朝報』二六号に載っている。

私は、不幸の中に成長致しましたから、組織的の教育を受けたのは、極僅《ごくわず》かで殊に尚若年でありますから、世の経験には乏しく、何にも取所のない人間でありますが、只男子のする丈の事は女子にも出来ぬ筈は無いだらうという一の信念だけは有《も》つてをりましたが、如何も日本の婦人は、数百年来の習慣で、女子は男子のする事は出来ぬ物だと、自ら卑屈に安んじて、終つて居りますが、何も女子だからとまをして、人間でありますから、精神の置所一つで、決して男子に劣るとは確定はされますまい、何卒して男のするような働きをして幾分か世の為に尽くしたいといふ希望を起こして、夫《それ》と同時に成る可くは新聞記者に成て、其希望を達したいと、常に考えて居りました。

この時、提出された「黄色眼鏡」は、エッセイ風の社会批評だった。幼い頃から見てきた、鴻池の鶴を描いている。

今橋の鴻池邸で見た、鉄柵の内に幽囚《とりこ》にされている数羽の鶴。優雅な鶴は天空を自由に舞ってこそ美しいのに、その自由を奪うのは残忍酷薄ではなかろうか。それどころか、僅少の金に換えて貴重の人間の自由を買い、否、奪って之を玩弄物《がんろうぶつ》にしている者が、世間には沢山あるのであります。

永江は、その着想と筆の運びに感心した。最初は「婦人は新聞記者として不適当」と判断していた社長の永江であったが、作品の出来映えと須賀子の固い覚悟に心を動かされた。そして『大阪朝報』の紙面では、一ページを割いて管野須賀子をこう紹介した。

アゝ不出世の天才、我輩は幽月女子に於いて、始めて之を見る、則はちここに女史を疑ごう者の質問に答え、併せて我輩が日本の婦人問題を解決するの好資料を得たるを喜ぶと共に、汎《ひろ》く世の婦人諸君に向かひ、殊に汎く世の男子に対し、覚醒一番せん事を望む。

こうして、新聞記者・管野須賀子が誕生した。
一九〇三年（明治三六年）元旦、年末より体調を崩していた須賀子は、こう決意の文章を綴っている。

本年本日より、更に又志を立て、神より授けたまふた、此新聞記者の天職に身を献げ、中途で之を止めやうなどといふ、薄志弱行の念をふたたび萌さず、働きつつ、学びつつ、必ず一人前の新聞記者に成らなければ成らぬと、心に誓ひ、神に祈つたが、それと同時に又一種の歓喜が胸に溢れた。

「文章をもって世に立とう」、そして男子と互して働いていきたい。――その第一歩を自らの手で勝ち取ることができた須賀子は、大きな喜びに包まれていた。

## 新聞記者、管野須賀子の活躍

明治の時代、女性が働くといえば、髪結いか、製糸や印刷の女工、店員、電話交換手、看護婦などで範囲が狭くその労働条件も低かった。そんな中で、はじめて女性新聞記者になっていくのはどのような人物だったのだろうか。

本格的な女性新聞記者の誕生といえば、一八九九年（明治三二年）の『報知新聞』の松岡（羽仁）もと子である。その後、一九〇〇年（明治三三年）の『大阪毎日新聞』の岸本柳子、一九〇一年（明治三四年）の『毎日新聞』の松本英子などが新聞記者となっている。

そして、一九〇二年（明治三五年）『大阪朝報』の管野須賀子が続いた。まさに須賀子は、女性新聞記者のパイオニアといえよう。

『大阪朝報』社長の永江は若い須賀子に、署名入りでどんどん書かせた。須賀子はみずからが痛いほど感じていた社会の矛盾を、新聞記者として広く世間に問うという、絶好の活躍の場を得て天にも昇る気持ちであっただろう。

一九〇三年（明治三六年）のはじめ、須賀子は『大阪朝報』の三面の主任となった。須賀子がもっとも力を注いだのは、廃娼キャンペーンである。折から天王寺で、第五回内国勧業博覧会が開催されることになった。そこで博覧会協賛会が余興としておこなうという、各遊郭から選ばれた「芸妓の舞踏」に、須賀子は反対して中止を求めた。「芸妓は、公然と春を売るのを業としている娼妓と選ぶところがない」と須賀子は指摘していた。彼女は「醜業婦《しゅうぎょうふ》」という言葉さえ使っている。

当時の政界と遊郭は密接につながっており、売春制度は公然と設けられていた。須賀子の「芸妓舞踊反対キャンペーン」は、それを許容する社会の通念そのものを攻撃する意味をもっていた。

最初は『大阪朝報』だけの動きだった。それが他紙にも広がっていった。『大阪朝日』

が反対の社説をかかげ、『大阪毎日』も芸妓舞踊を批判したのだ。この批判の高まりに、協賛会は当初の予定を変更せざるをえなかった。水、土、日と週三回に回数を減らしての実施となった。須賀子のキャンペーンは成功したといえるだろう。

だが『大阪朝報』は、経営難のため廃刊となってしまうのである。

## 須賀子、キリスト教に出会う

二二歳となった須賀子は、「芸妓舞踊反対キャンペーン」の中で、深い影響を受けることになる、二つの考え方と出会っている。一つ目がキリスト教である。

熱心に廃娼運動に取り組んでいた林歌子（一八六五年～一九四六年）は、大阪婦人基督教矯風会の会長であった。林は「博愛社」という孤児院にかかわり、夜学校で教えた給金で孤児たちを養っていた。また、中之島に大阪婦人ホームを設立して、田舎から都市部に出てきていた婦人のために、職業紹介と保護救済をおこなっていた。

林歌子の自己犠牲と博愛の考え方に、須賀子は惹かれていった。そして、林歌子のもとで働くことになった。会長の林を支える文書課長としてである。文書課長は、この時初めてできた役職であった。須賀子はこれ以降、三選されて文書課長を務めている。須賀子に対する会員の信頼が厚かったのだ。

やがて須賀子は、天満基督教会で受洗し、入信した。


二〇一七年八月、うだるような熱さの中、私は天満教会を訪ねてみた。再び北浜駅に降り立ち、今度は北に向けて歩いてみる。ライオン橋とも呼ばれる難波橋を渡る。橋の四隅の親柱には四体のライオン像が配されている。土佐堀川を渡り、中之島のバラ園を見下ろしながら、堂島川を渡る。北東に道沿いを行くと、天満教会が見えてきた。明治の頃は木造であったが、現在はバリアフリーも考えられた鉄筋の四階建てである。明るい玄関ホールは、人びとを迎え入れる温かさを感じさせてくれる。

訪ねた春名康範《やすのり》牧師は、抹殺されていた須賀子のクリスチャンとしての足跡を掘り起こし、二〇一四年、この教会の「昇天者名簿」に、須賀子の名前を刻みなおしたのだ。

一九〇三年（明治三六年）、天満教会の六代目牧師として長田時行《おさだときゆき》（一八六〇年～一九三九年）が着任した。そこに須賀子が訪ねてきたのだ。『大阪朝報』の永江がこの教会に通っていた。長田牧師は神戸で「貧民救済会」を作るなど、貧しい者のために懸命に働いていた。そんな長田牧師の姿に感銘を受け、須賀子自身も入信したのではないだろうか。

天満教会の前の通りを堂島川沿いに下っていくと、須賀子の生まれた絹笠町だ。

博愛の精神に目覚めた須賀子が、明治の頃、聖書を抱えてこの通りをひたむきに歩いていた姿が見えるようである。

だが数年後、須賀子の心は微妙に変化していったようだ。矯風会は廃娼運動に精力的に取り組み、この後、婦人参政権運動にも助力するなど、婦人の地位向上をめざすものであった。だが、日露戦争時（一九〇四年～〇五年）には、戦争支持を表明し、戦地の兵士に聖書を同封した慰問袋を送る運動をしていく。須賀子自身、慰問袋を詰めながら、どうしようもない思いが渦巻くのを止められなかったのではなかろうか。キリスト教は貧しい者の背後にある貧困構造にまでは、目を向けていかなかった。『これではない』との思いが、体の底から湧いてきたのではあるまいか。では須賀子の心を、本当に深いところから揺さぶるのは、どのような考え方であったのだろう。

## 須賀子、社会主義に出会う

中之島は、堂島川と土佐堀川に挟まれた、東西約三キロの細長い中州である。大阪の商業、情報の発信地であった。

その中之島で、須賀子の二つ目の出会いがあった。

木下尚江《なおえ》（一八六九年〜一九三七年）は、『東京毎日新聞』記者だった。足尾鉱毒問題に強い関心を持ち、田中正造（一八四一年〜一九一三年）の死期に立ち会い、最後までその看病をおこなうことになる人物である。その木下が中之島でおこなわれる「社会主義大会」で、一九〇三年四月に演説をすることになった。

木下の演説は四月六日の夜の七時であった。須賀子は演説の前に木下と面会した。そして「芸妓舞踊反対キャンペーン」について詳しく説明した。すると木下は「同感大」と賛同してくれ、彼の演説の中で、社会問題としての婦人問題を論じ、大阪人の道徳の劣悪なることを痛罵《つうば》した。さらに演説の最後には、「真に我国を愛するの念あらば、明朝より彼の醜穢《しゅうわい》なる売淫婦の舞踏禁止の運動をせられよ」と訴えた。

感激した須賀子は『大阪朝報』の記事の中で、こう記している。


両の拳もて力に任せて卓を叩き降壇せられたが、其痛絶快絶なる、満場殆ど狂せしかと思ふばかり、拍手喝采雨の如く、雷の如く、暫時《しば》し鳴りも止まなかつた。

木下の演説は、社会問題の三つを説いたものであった。それは、「地主と小作人」「資本家と労働者」「男子と女子」であった。彼の演説の最後は、「女権拡張論」の集約ともいえるものであった。

この木下尚江との出会いが、須賀子を根底から揺さぶることになる。この夜の演説会は、社会主義思想や女権拡張論という新しい思想を吹き込み、彼女の世界観を大きく変えた。

須賀子は、演説を聞きながら泣いていた。その生命の最も深いところを揺さぶるものと、出会った悦びであった。

日露戦争の宣戦布告は一九〇四年(明治三七年)二月である。須賀子の動きがあわただしくなっていく。

七月一八日、須賀子は東京有楽町の「平民社」を訪ね、堺利彦(後述)と会っている。堺は「大阪の社会主義的思想を有せる管野須賀子氏来訪、氏は矯風会大会に出席の為め大阪支部を代表してきたとのこと」「兎にかく珍客の一人であった」と記している。

一〇月九日の週刊『平民新聞』によると、「平民社維持金寄付広告」欄には、「金一円也　大阪府　管野須賀子氏」と記されている。そして同誌の一〇月三〇日号には、須賀子の名による「大阪平民新聞読者会」の呼びかけ記事が掲載され、次のように記されていた。

社会主義研究会を当地に開くことに致し、先づ読者会を開き度候付、同志者は私方まで其御住所を一報下され度候、会場及日時等は追て平民紙上を借りて発表仕るべく候
（大阪府東成郡墨江上住吉一八四　管野幽月）

須賀子は、社会主義者への道を歩みだしたのである。

## 須賀子の反戦小説

「絶交」は、少女たちの友情が反戦論で壊されていく小説である。一九〇三年（明治三六年）一〇月の『基督教世界』に掲載された。「日本魂《やまと》」は、老いた病身の父親と妹を遺して出征する、兄の心残りの切ない別れと心配を描いた小説だ。日露戦争開戦前の時代を象徴する悲劇が描かれている。一九〇四年（明治三七年）の『みちのとも』三月号に掲載された。

有名な与謝野晶子の「君死にたまうことなかれ」の詩が『明星』に発表されたのは、一九〇四年（明治三七年）の九月である。石上露子（一八八二年～一九五九年）が「小説

兵士《つわもの》」を発表したのは、一九〇四年四月、木下尚江が「戦争の歌」の詩を発表したのが同年六月である。

こうして見てみると、須賀子の反戦小説は時代に先駆けていたといえる。

小説「日本魂」が掲載されたのは、天理教の機関紙『みちのとも』である。これは、師である宇田川文海が編集をしていた。須賀子は多くの小説を、『みちのとも』に発表してきた。また、宇田川は弟の正雄をアメリカへと留学させてくれている。宇田川は、養女である初《はつ》と正雄を夫婦にして、後継にしたかったのではないか、といわれている。だが、一九〇五年の二月号を最後に、須賀子は作品を『みちのとも』に発表していない。宇田川は「戦争と天理教徒」で一九〇四年二月、すでに日露戦争を承認していた。

のちに須賀子はこのような歌を詠んでいる。

十万の血潮の精を一寸の地図に流して誇れる国よ

これは、須賀子の獄中日記である「死出の道艸」に残されている。須賀子は反戦の文学を書き、日露戦争の旅順攻防の熱狂の中で、反戦を旗印とした『平民新聞』の読書会を大阪で作ろうとした。これは、師の宇田川文海との決別を意味し、自分自身の選び取った社会主義への道を行く決断を示しているのではあるまいか。

## 紀州田辺へ

一九〇五年(明治三八年)、週刊『平民新聞』一月一五日号には、社会主義の「大阪同志会」の設立の記事が載った。ここには、須賀子の名前もある。前年一〇月からの「大阪平民新聞読者会」の呼びかけ以降、須賀子の地道な努力が実ったのだ。大阪における初期社会主義運動の草分けといえる。

一九〇五年は、須賀子にとって大きな変動の年といえる。五月には、慕っていた嬌風会の林歌子が渡米した。また六月、父の義秀が死没している。

九月には、アメリカ人宣教師ゴードンの未亡人、アクネス・D・ゴードンの京都の自宅に、頼まれて住み込みを始めた。日本文化や日本語を教えるためと、家事手伝いである。後にゴードン夫人のことを「清い、美しい、而も燃ゆるがごとき愛があった」と記している。

だがやがて須賀子はキリスト教から、気持ちが離れていく。翌一九〇六年(明治三九年)には、こう書いている。

私の一身の上より言へば、稍《やや》思想の変化せる此頃、矯風会其物の上に、飽足らぬふしは少なからねど～（後略）

ゴードン夫人の記事を書いたのは、紀州田辺の『牟婁《むろ》新報』であった。『牟婁新報』は、高山寺（真言宗）住職の毛利柴庵《さいあん》（一八七一年～一九三八年）が創刊したもので、柴庵が主筆も兼ねていた。

その柴庵が、六月に二件の官吏侮辱罪に問われ、翌年の三月に四五日間田辺監獄に入獄することになった。須賀子は堺利彦から、同紙の主筆代行を引き受けて欲しいと依頼された。

堺利彦（一八七一年～一九三三年）は、社会主義の陣営の内部に考え方が異なる者があっても、できるだけ対立を避けて協調を図ろうとしていった人物である。また、初対面の人に対しても一〇年の旧知のごとく胸襟を開いて談笑し、実にアト・ホームな感じを抱かせる性格であった。そして、若い人の才能を活かし、育て、生活の面倒までよくみていた。

その堺が紹介した『牟婁新報』は、日露戦争前後の時期に社会主義の論陣を張り、日本の初期社会主義運動史上注目すべき存在となっていた。柴庵は東京遊学中に、木下尚江、幸徳秋水との交わりをもっており、堺利彦とは手紙による交流をしていた。

須賀子は、依頼されていたゴードン夫人のお世話の約束と、病気の妹のこともあり、すぐには田辺の『牟婁新報』には行けなかった。そのため、社外記者として記事を書くことになった。一九〇五年一一月二四日には、社外記者として「筆の雫《しずく》」を著している。

我等が理想は、四民平等の社会主義なり。されど大廈《たいか》は瞬間にして破壊し得ざるが如く、多年の月日を費やして根底を堅めし今日の階級制度は、一朝一夕に覆へすべからず。急激に事を行はんとすれば、却つて失敗の歴史をくり返すに止まる可し。然ればば我等は此理想を希望として光明として先ず第一根本たる「自覚」を為し、自らを養い品性を高め、然して後徐々に、理想を現実に実行するの方法をとる可きなり。

二五歳を迎えようとする須賀子。高等小学校を中退しなければならなかったのは、一一歳の時であった。それからの逆境にたえ、幾人かの素晴らしい人との出会いを経て、「新聞記者、管野須賀子」の道へと辿り着いた。『牟婁新報』は、言論の自由を何よりも尊重し、自由闊達な議論が闘わされる場だ。そして一地方紙にとどまらない存在感を示していく。そこで、須賀子はこれから論陣を張っていくのだ。

一九〇六年(明治三九年)二月二日、ついに須賀子は京都を離れ紀州田辺へと向かった。

妹のヒデは遅れて出発することになった。病弱な妹は、充分に体調を整えてからとなったのだ。「姉ちゃん、姉ちゃん」と須賀子を慕ってくれるヒデであった。

須賀子は紀伊水道を進む第四平安丸の甲板で、正面からの風を全身で受けていた。新天地でのやりがいのある仕事に、体中に力が満ちてくるようだった。

# 第二章　地方新聞『牟婁新報』で育つ

## （1）『牟婁新報』での活躍

### 田辺を訪ねて

紀州の山は深い。私は、ＪＲの特急「くろしお15号」から、移りゆく山の景色を眺めていた。幾重にも連なる紀伊山地の山並みを抜けると、切目崎から一挙に海が拓けた。水平線が丸みをおびている。『地球って丸いんやな』――胸の中に新鮮な風が吹き抜けるようだ。

私は大阪を出発し、須賀子が活躍した町を訪ねようとしていた。『牟婁新報』の「牟婁」とは「熊野」とほぼ重なり、和歌山県南部一帯から三重県南部をさしている。そして牟婁新報社があったのが、目指す田辺だ。

やがて列車は紀伊田辺駅に着いた。駅前では弁慶の像が迎えてくれた。弁慶の像を背にして南へ向かって歩く。一五分ほど行くと、美しい扇ケ浜が見えてきた。なだらかな砂浜が扇を広げたように約一キロにわたって続いている。ちょうど小学生の女の子たちが、はだしで遊んでいる。一人波打ち際で貝殻をさがす子もいる。背後には、やわらかに連なる山々がある。

私は「妖婦」「毒婦」ともいわれてきた、須賀子の二五歳の日々を辿ってみたいと思う。海を抱くように広がる扇ヶ浜に立つと、なんだか優しく迎え入れられているようだ。夕陽が雲の向こうに沈んでいく。空は一面のオレンジ色だ。

この景色を、須賀子も見ていた。

## 須賀子、紀州田辺に着く

田辺に鉄道が通るのは、昭和に入ってからだ。明治の頃の交通は海上航路が中心で、汽船は田辺湾に停泊、その後、はしけに乗り換えて扇ヶ浜に上陸する。

須賀子がこの浜に着いたのは、一九〇六年（明治三九年）二月四日のことだ。牟婁新報社の二一名のスタッフが迎えてくれた。この頃、田辺でも雪がちらつく日もあったが、「同じ雪でも田辺で降るのは、暖かい様な気がします」と須賀子は書いている。

牟婁新報社は何度か移転をしているが、須賀子が入社したのは田辺町上屋敷六五番地の二階建ての木造社屋だ。船着き場から上がって北向きに一直線に歩き、突き当たって西隣、と『牟婁新報』にも案内がある。私も訪ねてみたが海からすぐの、由緒ある旅館や酒屋が点在する落ち着いた町並みであった。見上げてみれば、現代的なNTTの巨大な鉄塔が建っていて、ちょっと驚いた。この社屋から東に歩いて一〇分程の料理旅館「五明楼」の近くに、須賀子は妹ヒデと住むことになる。

須賀子の到着早々、『牟婁新報』の社屋でなごやかな茶話会が開かれた。「青年茶話会の記」として彼女の筆で報告されている。ミカンや煎餅を食べながら、入獄を一ヶ月後に控えた柴庵がこのようにみなに質問した。

　一体、社会主義の実現した暁には「恩」といふ字の必要が有ろうか。

これに対して、

　総ての大革命は先ず現存の「辞書」の革命から始めねばなりますまい。

という結論が出た。この他、熱烈なる意見や学理上の冷静な意見が噴出した。「実に愉快と云ふか痛快と云ふか、近来の一快事でありました」と須賀子は感想を述べている。連日、熱き社会主義の話題に盛り上がる日々が始まったのだ。

『牟婁新報』のスタッフは、主筆の柴庵や新宮支局の大石誠之助（後述。医師、のちに大逆事件で刑死）がベテランであって、後は若手のメンバーばかりである。そんな中で、『大阪朝報』で経験を積んでいる須賀子は、尊敬と親愛の情をもって歓迎された。

須賀子自身もこう書いている。


単に気候ばかりでなく、接する人毎に春の様な暖か味ある田辺、殊に社中諸君の無邪気な優しさ、私は予想以上の悦びに満たされて居ます。

## 毛利柴庵

『牟婁新報』は毛利柴庵が、地元の有力者である岡本庄太郎らの後援を受けて、一八九〇年（明治二三年）に創刊した地方紙である。須賀子が入社した頃『牟婁新報』は、月に一〇回の発行であった。

須賀子がジャーナリストとしてその才能を存分に開花させることができたのは、『牟婁新報』という舞台を得たからである。その新聞を創刊した毛利柴庵とはどのような人物であったのだろうか。

柴庵は、一八七一年（明治四年）和歌山県の新宮町に生まれた。幼くして両親と死別、親類の真言宗の僧に養われ、その縁で田辺の古寺高山寺に弟子入りした。一四歳で得度し、高野山中学に学ぶが、毎学期優秀賞を受ける秀才だった。

その後、東京への遊学を経て、高野山大学を首席で卒業。二三歳の若さで高山寺住職となった。このまま進めば真言宗の名のある高僧として高い地位についていたかもしれない。だが、教団から将来を嘱望されながら、柴庵は自らその「出世街道」を転落していく。

彼は、火のような情熱で宗祖空海の理想を実現しようとした。そして、本山当局へたびたび改革と復興の意見具申をした。だがそれは、大海へ投ずる真水の一滴にも似て、空しく消えていったのである。

また柴庵は、東京遊学中に新仏教運動にも参加していた。新仏教運動とは、天皇制国家に協力することで自らの保護を求めた既成の「旧仏教」と絶縁し、仏教の革新を求めたものだ。その中で柴庵は、一八九一年（明治二四年）から田中正造が国会で取り上げた「足尾鉱毒問題」に関心を持った。そしてその活動を通して、幸徳秋水や木下尚江とも知り合い社会主義の考えに近づいていった。

教団内部の改革に絶望した柴庵は、「仏教と社会の啓発」を旗印に、田辺で『牟婁新報』を創刊することにした。後援は高山寺の檀家総代でもあった、岡本庄太郎らに依頼した。

「金は出すが、口は出さない」という柴庵の申し出を、岡本は了承した。

田辺の政治的、経済的な有力者の後援を受けながら、柴庵が『牟婁新報』で自由奔放な言論を展開していったということは、特筆すべきことであった。『牟婁新報』で柴庵は、「予は日本のカールマルクスと為ってこの社会と奮闘せんとするものなり」と宣言している。

やがて『牟婁新報』は、初期社会主義の砦ともいうべき存在となっていく。そして、その新しい舞台での須賀子の活躍が始まるのだ。

## 社会主義への確信

牟婁新報社へ着任早々、六回にわたって連載された「見聞感録」によると、田辺へと向かう船の中で、須賀子は次のような体験をしている。

大阪を出航した船は、途中で時化《しけ》のため由良の港に避難した。すると船の事務長が「今夜、タコが押し寄せてきます」といった。「タコとは何者ぞ」と須賀子が不審に思っていると、客を呼ぶ艶めく声がして、それが娼婦だということに気づいた。潮風に揉まれて地黒になった顔に、厚化粧をしたその姿を目の当たりにして、須賀子は胸が痛んだ。そして次のように書いている。

彼も人なり、我等の同胞なり、
聖なる可き婦人の操を、風を逃れて暫時の碇泊せる船人に、些《いささか》かの金に代えて鬻《ひさが》ざるを得ぬ、悲惨極まる其境遇や。
噫《ああ》、是果たして誰の罪ぞや。

『大阪朝報』時代、須賀子は娼婦のことを時に「醜業婦」と表現した。そこには自分とは違う道徳性の低い存在として、蔑視する姿勢があったのではないだろうか。

だが、「彼も人なり、我等の同胞なり」という言葉に、須賀子の人間的な成長が見てとれる。須賀子は、売春しなければ生活できない女性を、自分自身に重ね合わせて、怒りを感じているのだ。そして嘆くだけではなく、売春という問題の背後の、社会全体の構造をこそ、これから考え改革をしていこうと決意しているのだ。

だからこそ須賀子は、「噫、社会主義なる哉《かな》」と自分自身に向けて、何度も何度も繰り返し噛み締めているのだ。

須賀子の田辺到着は、牟婁新報以外でも『紀陽新聞』が報じている。かつて「大阪同志会」の仲間であった高尾楓蔭《ふういん》（一八七九年〜一九六四年）が歓迎の文章を載せているのだ。

それに答えて、「楓蔭の君に返す」という文章を須賀子は書いた。

此闇黒社会に生まれ出たる吾人、御互に尚春秋に富める社会主義者が責任は、日一日愈《いよい》よ重きを感ずる時に、血は燃え、肉は踊り、区々たる一小事を顧みるの暇さへ無きに非ずや。

私は茲《ここ》に至つて、我等社会主義者の責任の、愈よ益々重且大なるを感ぜずんばあらず。

「我等社会主義者の責任」とはっきりと須賀子は書いた。また、「血は燃え、肉は踊る」とは、須賀子の性格らしい表現である。

かつて、須賀子の田辺時代はあまり重要視されてこなかった。だが、田辺市立図書館の館長も務めた杉中浩一郎は、『紀南雑考』の中でこう述べている。

紙面を通じて婦人の人権尊重を力説し、権力や男性の横暴から女性を守ろうとして、力をこめて筆をふるった点は、管野のような非凡な女性にして初めて為し得たことで、その実績は正当に評価されるべきものであろう。

二月六日には、須賀子は「愛読者諸君へ」という文章で挨拶をしている。

次号より追々、小説、家庭欄は勿論、見た事、感じた事……無学短才の青眼鏡に映じた……丈を、率直に、飾り気なしに書いて今日まで怠けた代わりに、大いに勉強したいと存じて居ります。それに就いて特にあらかじめ御ゆるしを願ふて置きたいのは、私は至つてお世辞の無い人間ですから、場合によると皆様の御気に触るやうな事を書くかもしれませんが、それは私が田辺に対するの愛が溢れての無礼と、平に御ゆるしを願ひたいこと、これであります。

長く、不在記者としてしか原稿を書いてこれなかったことを率直に詫び、新天地——田辺に対する熱い思いの挨拶である。

「いたってお世辞の無い人間」とは、須賀子らしい表現だ。後に死刑を前にした獄中で、須賀子は繰り返し、次の言葉を日記に刻んでいる。

「飾らず、偽らず、欺かず」

この言葉は、須賀子の生涯を貫く一本の軸だ。

堺利彦からも「管野須賀子君の入社に就いて」という推薦の辞が、東京から届いた。

僕は須賀子君に云つた事がある。「僕が君に田辺行きを勧めるのは、只一個の新聞記者の椅子を周旋しようといふだけでは無い。只何程《いくら》かの月給の口を世話しようといふだけではない。僕は柴庵君といふ先輩（若しくは友人）を君に紹介して、柴庵君の誘掖《ゆうえき》の下に、君の才能が如何に発揮せらるゝかを見ようと思ふのだ」と。

そんな風に思うて居たのだから、須賀子君の今度の入社は、僕に取つて実に愉快で堪らぬ、況や牟婁新報社には、元の平民社の腕白なる荒畑寒村も行つて居る。

僕も是非一度遊びに出かけて、懐かしき諸君の間に立ちまぢつて、暫く編輯局を賑して見たい心地がする。

「腕白なる荒畑寒村」は、一九〇五年（明治三八年）一〇月、須賀子よりも四ヶ月早く牟婁新報社に入社していた。

## 荒畑寒村

荒畑寒村（一八八七年～一九八一年）は、本名を荒畑勝三といい、横浜遊郭の仕出し屋の子として育った。須賀子の六歳年下である。高等小学校卒業後、外国人商館でボーイとして働いた。その後一九〇三年（明治三六年）、横須賀海軍造船工廠《こうしょう》の見習工として働いていた。工廠から得る日給はわずか二七銭であった。

一〇月、寒村はいつものように昼の弁当を食べていた。弁当を包んでいた『萬朝報』を広げて読んでいた時のことだ。突然、火花が眼を射たような衝撃を感じた。幸徳秋水と堺利彦の「退社の辞」があったのである。

『萬朝報』はそれまで非戦論を主張してきた。だが、社論を開戦論へと転換したのだ。これに異議を唱えた二人の決断であった。寒村は、東洋の辺隅《へんぐう》にある日本が強大なるロシアと一触即発の危機に臨んでいる時、敢然として戦争反対の意見を天下に公表したもの、と受けとめた。

寒村は、「この日の感激は永久に私の心から消え去ることはあるまい」と記している。

この時、寒村は弱冠一六歳であった。そして彼は、翌年一月、社会主義協会に入会し、社会主義者として生きる道を選んだのだった。

寒村は平民社に堺利彦を訪ね、自らの理想やこれからの計画についていろいろと相談をした。そして一九〇五年（明治三八年）の春から夏にかけて、単独で「社会主義東北伝道行商」の旅を始めたのだ。これは、平民社出版の社会主義書籍や、宣伝用チラシを積んだ赤い箱車をひいて、各地をまわるというものだ。当時「社会主義」という言葉も一般には理解されておらず、まず宣伝から始めなければならぬと、寒村は若さに任せて行進を続けた。途中で箱車がこわれるほどの厳しい旅だったが、二ヶ月間余りで三〇〇冊以上の書籍を売り上げた。

その後、堺の紹介で『牟婁新報』に入社した寒村は、「紀伊の人びと」という文章を書いている。その文章から、当時の牟婁新報社の様子がよくわかる。

牟婁新報社には、他の新聞社には見られない一つの特色があった。それは、社の印刷工がみな少年だったことである。一〇人足らずの文選工、植字工が働いていたが、職長以外はみなハイ・ティーンだった。

寒村は、平民社に出入りした同志の中でも最年少者だった。だが牟婁新報社には、彼よりもまだ若い一五、六歳の少年もいた。そして驚くことに、彼らはみな社会主義者だったのである。

寒村の給料は、一〇円だった。下宿代を払うとあとには三円しか残らなかった。だが当時の田辺には映画館もなく、飲食店といっても「うどんや」ぐらいのもの。小遣い銭の使い道がないので、町にただ一軒の書籍店を訪れて新刊の本を買うだけだった。

寒村は余暇を持てあまして、いつも扇ヶ浜や松林をぶらついていた。そんな寒村の生活が変わるのが二月、須賀子が田辺に到着してからだ。また、到着が遅れていた妹のヒデも三月には田辺に着いた。

## 扇ヶ浜で

その頃、須賀子は二五歳、寒村一九歳、ヒデは一七歳だった。年の近い三人はすぐに仲良くなった。ヒデの作った弁当を持って、ピクニックに出かけることもよくあった。寒村はヒデと同じように、須賀子を「姉ちゃん」と呼び、須賀子は寒村を「かつ坊」と呼ぶようになった。

後年、堺夫人の為子は寒村のことをこういっている。「寒村は甘えん坊だからね」。あふれる情熱と行動力を持つ寒村であったが、須賀子、ヒデ姉妹との交流は彼にとっても心温まるものであった。

一九〇六年（明治三九年）三月九日、三人は扇ケ浜に遊びに出かけている。その日の『牟婁新報』の中の「牟婁日誌」には、須賀子の筆でこうある。

午后寒村君と過日呼び寄せた妹と三人扇ケ浜に遊んで、日の入と月の出と地引き網とを併せて見ました。

極彩色の雲を破り金波銀波に影を止めて水に入る夕陽はどうしても油絵です。また拭うが如き蒼空を負うて老松の梢に清楚たる姿を顕す月光は、何と視ても日本画です。その間に挟まれた我々、何故羽が生へぬだろうと思ひました。

夕陽を浴びた須賀子の穏やかな様子が思い浮かぶ。それにもまして、「蒼空の中へ、羽を生やして飛んでいきたい」という自由への憧れ。これが、管野須賀子であろう。

## 置娼反対論を主張

和歌山県は、群馬県と並んで公娼のないクリーンな県であった。しかし、須賀子が田辺に到着する二ヶ月ほど前、「置娼建議案」が県議会で提案、通過した。この建議を受け、県知事の清楼家教《きよすいえのり》が一九〇六年(明治三九年)二月二四日、公娼設置を許可した。

須賀子は置娼論・廃娼論が沸騰する渦中に飛び込んだのだ。

一九〇〇年(明治三三年)から一九〇一年(明治三四年)にかけては、自由廃業運動がさかんであった。これは、娼妓自身が目覚めて、自分から自由を求め、裁判によって自由廃業を勝ち取ることをいう。

廓を脱走しても、弁護士や救世軍のような献身的な働きをする人の所へ無事に逃げ込めば前途に希望を見い出せた。しかし警察に捕まれば、脱走娼妓として罪人となり罰せられた。そうなれば、娼妓は罰金を取られた上に、元の妓楼に連れ戻され、見せしめのために厳しい折檻を受けたのだ。奉公の年季を厳守させようとの仕組みである。これが、日本の公娼制度であったのだ。

木下尚江は、廃娼運動に取り組む弁護士でもあった。その木下は、すでに一九〇〇年(明治三三年)一月三一日の『毎日新聞』(現在の『毎日新聞』とは無関係)で、和歌山県の置娼問題の動きを警告していた。

「国民の不面目――内務、陸軍両相に警告す」という文章である。「二千五百余年の歴史を継続する桜花国が精神的死滅の暗淵に堕落して行く証候に非ずして何ぞや」の文章で始まっている。そして、第四師団(大阪)の監督部長である和歌山出身の中村宗則が、しばしば帰省して、当時の和歌山県知事・小倉久と相謀っているのを木下は明らかにした。それは、和歌山市、新宮市を始めとする数所に遊郭を設置しようというものであった。さらに、小倉久が御用商人と結託して、和歌山市の遊郭設定地の宇須村に数千坪の土地をすでに買収している事実、また中村宗則の関係者が新宮で数千坪の土地をすでに買収している事実を、指摘した。

あろうことか、クリーンであった和歌山県に公娼を設置し、用地売却による巨利を上げようとする動きがあることを、世に明らかにしたのだ。

大石誠之助（一八六七年～一九一一年）は、新宮の医者だ。貧しい人からは医療費を取らなかった。言葉にして「金がない」というのは羞かしいだろうから、硝子窓をトントントンと三回叩いて合図しろ、と教え、そうすればただで貧乏人を診察していた。『牟婁新報』には、五回にわたって大石の「廃娼論」の意見が載っている。二月一二日の文章はこうだ。

論者が公娼の設置により一般の子女を淫逸の悪風より保護せんと言うは、所謂良家の子女なるものを貧家の子女と全然別物と見做し、前者の利益の為後者の人権を犠牲にすべしと言ふ金持本位説である。

人道主義の観点からの、大石の意見だ。「金持本位説」とは、そのものズバリの指摘だ。
また、遊郭内で育った寒村の新体詩も胸に響く。彼自身もまた、少年時代学校において、
そして社会に出た後も、賤しまれ辱しめられて憤慨の涙を流した、と語っている。

日毎に迫る貧しさに
吾れをし売と父母が
昨日もらせし言の葉の
また偲ばるゝ悲しさよ
（中略）
情を知らぬたはれ男が
冷たき黄金いく片に
弄ばるゝなりわひは
宿なき犬もよくせんや

あゝ人の子と生れ来て
貧しき家に育ちては
獣も恥づるなりわいに
吾が世を送る運命悲しき

そして、一九〇六年（明治三九年）二月二七日、須賀子の文章が『牟婁新報』に載った。題は「無言の涙」である。「弱者の敵とは何者ぞ!!! 貧民婦女の血に飽かんとする悪魔の巨魁とは何者ぞ!!!」で始まっている。

三月三日には、「県下の女子に檄す……咄、置娼……」の激烈な文章が載った。「我県下の女子諸君、諸君は今眠つて居られますか」で始まり、次のように訴えている。

公娼許可!!! 公娼許可!!! 噫、諸君。

憐れむ可き貧弱なる人の子をして、公然淫を鬻《ひさ》がしめんとする、凡そ是程、残忍暴虐、言はふ様なき大罪悪、大侮蔑が他にありませうか。戦捷《せんしょう》の余栄とかで一等国に進んだとか何とか、口に文明を叫んで居る日本が公然売淫を奨励するとは、何たる矛盾でありませう、何たる痴《たわ》けさ加減でせう。

噫諸君、我等婦人をして、此大侮蔑に泣かしむるの、此大暴虐を敢て成す者はそも何人で有ませう？　そも何故でありませうか。我等婦人の為に不倶戴天のこの仇敵は、そも如何なる悪魔でありませう！

諸君、夫れは××××××××（和歌山県知事清棲家教）といふ、厚顔無恥、暴虐無礼、荒淫漁色の、醜漢中の大巨魁たる馬鹿××であります。人面獣心の冷血動物であります。

（×××は伏せ字。復元したのは清水卯之助氏）

須賀子の義憤がほとばしっている。

## 須賀子の義憤

須賀子は「幽月」の雅号で、「憤片」という文章も書いている。

剣と弾丸は、只戦争てふ罪悪の、専有物では無い筈です。

一国家の権利保護の名の下に、十万の壮丁《そうてい》を（殺）して平然たる社会なれば、其一国民の半数たる、婦人の権利保護の為には、不埒極まる鼠族《そぞく》の百足《ぴき》や千疋（殺）したりとも、よも差支ありとは言ひ得じ。

柴庵曰く、此幽月君の殺人哲学なり。

毛利柴庵の「官吏侮辱罪」も、知事・清棲家教に対するものであった。出征軍人家族への生活扶助に取り組みながら、知事に向けて書いた筆誅で告発されたものであった。大審院への上告も棄却され、田辺監獄へは三月一三日から四五日間収監されることになっていた。

その一〇日前の須賀子の「憤片」の文章であった。「幽月君の殺人哲学」という表現は、自分の文章以上に激しい須賀子の言葉に、一抹の不安を感じたものではないだろうか。須賀子はやがて「天子なるものは斃《たお》す必要がある」という地点まで行きつく。柴庵は彼女の未来を予感したのかもしれない。

あまりにも激しすぎる須賀子の文章は、発行前の検閲によって伏せ字となっている。のちに須賀子は、「死出の道艸」の中で自分自身の人生を振り返ってこう書いている。

総てが変則に常軌を逸して、只強情な負惜しみ一つで、幸ひに淫売にも紡績女工にも成らなかつたといふ様な悲惨な過去の境遇。

その自分と、獣も恥じるなりわいへと落とされていく女性は、痛いほど重なる。そこから須賀子の「憤り」は生まれ、社会を見据えた彼女の知性によって「義憤」へと昇華させられていく。この「義憤」こそが、須賀子の非凡さを生み、傑出したエネルギーとなったのではないだろうか。

## 寒村の退社

須賀子にとって、寒村は頼もしい仲間であった。置娼反対の論陣では、同日に二人がかりの連射の記事を出している。また、社会主義についても二人の熱い対話が、連日繰りひろげられた。

だが置娼反対では、公娼設置に賛成していた『熊野実業新聞』との間に論争が起こっていた。須賀子は「無言の涙」「県下の女子に檄す」を書き、続けて寒村も「置娼は罪悪なり」「置娼問題と婦人」を発表していた。

この頃、多情多感の寒村に失恋による自殺未遂事件が起き、周囲をあわてさせた。寒村は『牟婁新報』の購読者で、何度も寄付金を送ってくれていた、顔さえ見たことのない同志に憧れていた。何度か手紙のやり取りをしていたが、突然「自分には婚約者がいる」と告げられて、絶望したのだ。これに対し『熊野実業新聞』が、寒村のことを「失恋詩人」などと冷罵してきた。

三月二七日の「牟妻日誌」には、『熊野実業新聞』に対しての、須賀子筆の文章がある。

怒るまいことか寒村君。一時間余りに別項の論文をサラサラと書き上げて、「いつそ新宮へ行つて失敬千万な熊実記者と決闘して遣らうか知ら」と当る可ざる大気焔。

寒村は「熱頭狂語」と題し、『熊野実業新聞』にさらに挑戦していった。

『熊実』の輩は他人の欠点のみを数えて自己の大悪罪を知らず、夫れ社会主義はいかにして起こりたるかを想へ、労働者が何故に如《し》かく無智凶暴なるかを想へ、これ実に一に紳士閥階級の存在するが故に非ずや。

乙ゥすまして聖人面をする『熊実』の徒は、吾人人類が不倶戴天の仇敵なり。

古人曰く豚を抱いて臭きを知らずと、汝『熊実』の徒よ、乞ふ先ず味噌汁を以てツラを洗い来たれ。

柴庵は入獄に先立ち、後援会の岡本庄太郎（田辺物産重役）らに後事を託していた。後事を託されていた顧問たちは、両新聞社の論争がこのうえ続くことを避けたかった事情もあり、『牟婁新報』の軌道修正をしようと考えた。その結果、寒村に退社を勧告した。そして、東京の堺から帰京を促す手紙も来ていた寒村は、いさぎよくそれに従うことにしたのだ。柴庵が入獄して三月一四日からは、主筆代行の須賀子が編集の全責任を負った。

社長が不在で総ての鍵を預つて居る私、編輯室から庶務室へお百度をしました。過日から任されて居る編輯ながら社長が不在で扨《さ》て愈《いよい》よ自分一人でするとなると些か気骨の折れる様な感がします。

柴庵の留守中、寒村の突出と社内の調整、社外からの編集局に対する圧力への対応と、須賀子は八面六臂の活躍をしなければならなかった。しかも持病の頭痛が悪化していた。

書読むのも厭、筆持つのも厭、終日不愉快で痛む脳《あたま》を持余して暮らしました。脳が不快いし今度は投書号にでもしなければ……。

ついに、須賀子も寒村の退社を認めざるをえなかった。四月一二日の「牟妻日誌」にはこうある。

寒村君が不意に退社する事に成りました。言はぬは言ふに弥増《いやまさ》る、私はもう何にも申しません。涙を呑で潔く君を送る斗りです。

寒村と須賀子が共に記事を書いたのは、わずか二ヶ月半の間だった。須賀子は新しい兵児帯・足袋・下駄などを餞別として贈った。二五歳の須賀子にとって、一九歳の寒村は弟のような存在であった。だが、社会主義の強力な同志であった。寒村は田辺港から汽船で大阪へ行き、そして東京へと去った。最後に須賀子はこういっている。

「健在なれ、健在なれ、君よ、主義の為に健在なれ」

## 女性の人権、自立、解放を求めて

寒村が牟婁新報社を去った後、「置唱派」の川﨑独歩が入社した。『和歌山新報』の田辺通信員でもあったベテランの記者だ。須賀子は彼と共に紙面を作っていかなければならなかった。もはや置娼反対を、明確に打ち出すことはできない状況となった。

だが須賀子は『牟婁新報』紙面で、自らの「女性の人権」についての考え方を展開していく。それは、女性の自覚を促し、男女の平等を強く主張していくものだった。

「婦人と読書」では、こう述べている。

一朝結婚をすると忽ち、愛読の書に塵が積もり、婦人雑誌が封のまゝで重ねられ、遂には新聞さえ禄に眼を通さないと云ふ様に成つて、新智識無く、理想消え、時事の話一つ出来ない世話女房と成つて了うのであります。そして、男子の奴隷と成つて了うのであります。（中略）一日中に三十分でも一時間でも、諸君が読書の習慣を養はれん事を、切に希望致します。

「肘鉄砲の一斉射撃」では、このように檄している。

起てよ婦人。

起つて諸君が団結して、肘鉄砲の一斉射撃をせられなば、男子は立ちどころに降伏して、卿等の足下にひれ伏し、泣いて哀を乞ふや必然なり。
結婚を急ぐ勿れ、売買結婚に甘んずる勿れ、而して己れの修養に勉めよ。
斯くて始めて、理想の家庭をつくる得べし。
奮起せよ婦人、磨け肘鉄砲を。

須賀子は、世の貞操論や良妻賢母思想を激しく攻撃した。なぜ世の婦人たちは男子貞操論を求めないのか。男子は良妻賢母を要求する前に、なぜみずから良夫賢父とならないのか。彼女は男女平等の社会ができうることを力説した。

そしてわがまま勝手な男子閥とたたかう武器は、「百万噸《トン》の甲鉄艦にも増し、百吋《インチ》の砲弾にも優る、男子排斥の一大武器たる肘鉄砲」の外ならない、としている。

なぜ、世の婦人たちは男子のいいなりになってきたのだろうか。そこには「生活の不安」という「根本問題」があるとする。

此根本問題の解決は、勿論社会主義にまたざる可らずと雖も、而も我等婦人は夫以外に、此我儘勝手なる男子閥とも戦はざる可からざるなり。

経済的平等と搾取のない社会の実現によって、すべての女性が解放されると須賀子は考えた。そのために「社会主義を鼓吹する」のだと主張した。

須賀子の主張は、かつての『大阪朝報』紙上における廃娼論、女権拡張論の延長上にあった。だが、『牟婁新報』紙上における彼女の主張は、社会制度の矛盾に目を向け、すべての女性の解放をめざすという大きな視点に立ったもので、彼女の思想の深化が見てとれる。

また須賀子は田辺の女性たちに直接、行動することを呼びかけている。田辺の女性は、進取の気性に富んだ有望な人物が多いとし、「一つ大に奮発して、活きた、生命のある、即ち活動的の会でも新たに組織して、南海の天地を覚醒する可く尽力せられては」

やがて田辺の何人かの女性の口にも、「ソシアリズム」という言葉がのぼるようになったという。また『牟婁新報』に入社した川﨑独歩によると、「女の勢力はエライものです。田辺にも幽月君崇拝家が大分できました」と記されている。須賀子の影響力の強さを彷彿とさせるものであった。

須賀子は当時流行の二百三高地巻の髪型で、紫の袴を身に着け、足元は靴という和洋折衷のハイカラなファッションだった。そして田辺の町を颯爽と取材で闊歩した。町の人々、特に若い女性の羨望のため息が聞こえてきそうだ。

そんな須賀子にとって、理想の男性とは、どのようなものであったのだろうか。五月九日には、「女としての希望」が掲載されている。

ここには、社会主義という社会を実現させようとしている、須賀子の「理想の男性像」が描かれている。それは「熱烈なる愛情と、宇宙を呑む気概」を併せ持つ男性である。しかし、そのような男性は「今の世には、容れられぬ男」であると続けている。

そして、須賀子の「理想」が述べられている。

熱烈なる相愛の夫妻が、私するものとては、只相互の愛情のみにして、余力を挙げて社会の為に捧げ、己が成すべきの務めを終りたるの日、則ち、完爾《かんじ》として相抱いて情死をなす……是れ私の理想なり。

私は、情死を人生の尤も神聖なるもの也と思ふ。（中略）

強き強き情死、即ち、剛胆に、同心一体となりて主義の為に戦ひ、理想の為に奮闘して、刀折れ矢尽きたる時の（体力の）、大手を振りて花々しくする情死なり。

「情死」に須賀子の理想がある。そこに、彼女の凄まじい覚悟を見ることができる。そして、その覚悟の底には、ある種の諦観が横たわっているのかもしれない。

# 遠い国で

日本から太平洋をへだてたアメリカ。この国で、四月一八日、驚愕の出来事が起きる。西海岸のサンフランシスコが、大地震に襲われたのだ。マグニチュード七・八、五〇ヶ所以上で火の手が上がり、市街は壊滅状態となった。死者は、数千人といわれていた。

この街に、須賀子の弟の正雄が住んでいた。宇田川文海の援助を得て、渡米していたのだ。二一日の「牟婁日誌」では、遠く離れた地の、弟の身の上を案じる辛さが綴られている。「彼地に居る弟に若しもの事は無かろうかと前日来安い心もありません」。

二七日には、「桑港（サンフランシスコ）の大震災に就いて」で、こう書いている。

世に悲惨事多しと雖《いえど》も、今回米国カリフオルニア州に起こりし大震災程、惨の極なるものは無かる可し。殊に西部の大都会たる桑港の如き、一瞬の震動に数千の死者を出し、数十万の人民をして、其家を失はしめたるの、此一大天災に対して、吾人は余りの悲惨に、唯呆然たらざるを得ざるなり。

やっと弟の無事もわかり、五月一八日にはこう記している。

若しやと片時も安き心なかりし、在米サンーゼー市の弟より通信あり、妹と相見て言葉は無く、只嬉し涙に咽《むせ》びぬ。

この弟管野正雄は、その後数奇な人生を辿る。大逆事件の後、一九一一年（明治四四年）七月に官憲の手によってまとめられた極秘資料がある。『米国ニ於ケル日本人社会主義者無政府主義者沿革』である。これは現在、外務省外交資料館に保存されている。外国における社会主義者の動向を内務省は詳しく調べていた。その中に「注意ヲ要スル者」として、「管野正雄　管野スガ弟」の名前がある。また、在米日本人社会主義者・無政府主義者の行動を内偵するためのスパイとして、巽鉄男《たつみてつお》がサンフランシスコ総領事館に雇われていた。須賀子の弟正雄は大逆事件の結果、渡米したままついに再び日本の土を踏むことはできなかった。

サンフランシスコ大地震を、偶然にも渡米していた幸徳秋水も体験していた。秋水は後に「明治社会主義の一等星」とも呼ばれる革命家となっていく。秋水は大地震についてこう書いている。

商業は総て閉止。郵便、鉄道、汽船総て無賃。食料は毎日救助委員より頒与《はんよ》する。食料の運搬や病人負傷者の収容、介抱や、焼跡の片付けや、避難所の造営や、総て壮丁（成人に達した一人前の男）が義務的に働く。買うとは云っても商品が無いので金銭は全く無用の物となった。財産私有は全く消滅した。面白いではないか。

震災後に出現した数週間のアナーキズム状態に、秋水は深く感銘を受けた。これが後に、彼が無政府共産社会の実現という理想を得る、契機となっていくのであった。

## 柴庵の出所と須賀子の退社

一九〇六年（明治三九年）四月二七日午前零時、田辺監獄の裏門が開いて、毛利柴庵は出獄した。雨の中を、須賀子たち五〇人が出迎えた。

「ヤ諸君、この深更《よなか》の、雨の降るのに……」と恐縮する柴庵。須賀子たちは、社をあげて、一〇ページに増頁した「出獄記念号」をこの日発行した。彼女は「籠城記」という文章を書き、四五日間の報告をした。

「紀念すべき四十五日も、愈《いよい》よ昨日限り夢と消へて、我々雑兵の痩腕に、漸う支て来た此牟婁城を、目出度く娑婆の人と成られた社長の手に、今や御渡しするの、待ち焦がれた嬉しい日が参りました」という文章で始まり、「熊実紙との筆戦」「一部の批難」「寒村君の退社」と続いている。

そして「私の退社」の項目で、京都に戻りたいという須賀子の気持ちを率直に書いている。

田辺の土地や牟婁新報社の仲間ともなじんできた須賀子であったが、最初の約束通り「主筆代行」の任が終わった今、一日でも早く京都に戻りたい旨を綴っている。寒村の退社が、須賀子に与えた影響も大きかった。柴庵が、四五日間の田辺監獄での疲れから立ち直れるまで、後しばらくは編集の手助けをしたい気持ちもあるのだが、妹ヒデの病状が良くなりしだい退社したい、と明言している。

そして、「随分腕白な戦い」をした自分自身に対し、温かく見守ってくれた、牟婁新報の社員と田辺の人びとに感謝をしている。

親しく温かき人々の、優しき情に包まれし四ヶ月。
顧みれば早や南柯《なんか》の一夢と消えてしが、噫、されど、されど、思ひ出は、日に刻に新たなるをや。
我等が冷たき骸《むくろ》と成らん日、土と化《な》らん迄の安眠の床は、是非に田辺よと呟きて、相見て微笑みし程の姉妹《ふたり》が執心、可愛と思さずや、田辺の人。

柴庵は「牟婁日誌」に、「僕の入獄を気遣ふて態々《わざわざ》京都から来て手伝ふて下さつたお姉妹の親情は、僕及び吾社の永久に感謝する所であります」と書いた。そして、管野姉妹を五明楼に招いて、晩餐会を催してくれた。

結核を患っていた妹の容体も安定した五月二九日、扶桑丸に乗って須賀子たちは田辺を後にした。数十人の人たちが管野姉妹との別れを惜しんで、扇ケ浜にかけつけた。

## 須賀子の素顔

牟婁新報社の若い文選工だった室井巌が、六月三日号に送別の辞を書いている。
只管《ひたすら》吾人弱者の為……殊には又、同胞姉妹のために、常に今日の状態を悲しみ、男子閥の暴戻《ぼうれい》を指摘して、女子自身の腑甲斐なきを痛憤し大いに反省をあたへ、進んでは陰に陽に我が町、郡、県の進歩発展を促し、而して天下万民を塗炭の苦境よりすくひ出さんことを期し、嚠喨《りゅうりょう》としてソーシアリズムの喇叭《らっぱ》を吹き鳴らし、現代人類の固執偏見と、あらゆる苦痛の裡《うち》に奮闘せられたり。

（遺稿集『白薠集』）

この時、彼は一七歳。一一歳の年から『牟婁新報』に勤め、その後同紙の職長や紀伊新報編集長、『熊野太陽』（新聞）社長等の新聞畑を歩み、晩年は田辺信用金庫の専務理事に就任した。後年は室井聶州《ていしゅう》と名乗り、一九七五年に八七歳で亡くなっている。

この室井聶州の、管野須賀子の思い出が残っている。

流行の二百三高地巻の髪で、いつもキチンと袴をはき編集室に静座して、文の性質によったのだろう幽月の雅号や或いは須賀子の筆名を使い分けていたようだ。

私ら年少者にも読書をすすめられ、また敢えて基督教とはいはないが一つの宗教を持ち、不抜の信念を自身に培養するようにと。

ある日、私は機を得れば、渡米したいと志望を訴えると女史は真剣にその意志があったのなら、幸い私の兄（弟、正雄のこと）がアメリカにいるから紹介してあげましょう。（中略）

私にはとても大逆事件の後日の中心人物とはおもえず、優しいお姉さんの感じがしました。

## 須賀子の青春

後に大逆事件で死刑となる須賀子であったが、紀州田辺時代は幸せな日々であった。二五歳のわずか四ヶ月しか田辺では過ごしていないが、新聞記者として存分に活躍できた日々は充実しており、短い人生の中で最も輝いていたといえる。

『牟婁新報』に須賀子が書いた記事、評論、エッセイ、短歌、つぶやきのような片言隻語、何気ない日常をメモした「牟婁日誌」などは、ゆうに一四〇本を超えている。

一四〇本の作品には、徹頭徹尾「書く女性」であった須賀子の魅力が、満載されている。その凜たる姿勢、歯切れの良い文章による発信力。そして、ある種の透徹した洞察力は、驚嘆に価する。

日露戦争後に日本は、朝鮮半島の領有に乗り出し、軍備を一段と強化し、アジアの帝国主義国家へと伸し上がっていく。その最中にあって、女性の人権、自立、解放を求め、同性の奮起を促して、田辺から書き続けた須賀子は、まさに先駆的なジャーナリストであった。『牟婁新報』と田辺こそが、須賀子の青春であったのではないだろうか。

## (2) 須賀子と寒村

### 求め合う二人

寒村が東京へと去ってから、須賀子の胸にはポッカリと、何か大きな穴があいたようだった。人一倍純粋な寒村。さみしがりやで甘えん坊の寒村。

寒村にとっても、例の失恋さわぎの折り煩悶し苦しむ自分を、苦労人の須賀子は優しくいたわってくれた。そんな須賀子の情愛に、寒村はひたむきになっていった。

『牟婁新報』の四月一八日号に、須賀子は「寒村君を送る」という文章を書いている。

熱情の人、主義の人、直言直筆の人、塵程も己れを曲げぬ、意志のまにまに言動したる人。

今の世には些か容れられぬ君なり。
歳はまだ、漸う二十歳の、常ならば乳の香の失せぬ青年なり。
されど君は、群を抜ける青年なりき。
君が欠点は只一つ、余りに感情の極端なりしそれのみ。
清き人なり、優しき人なり、邪気なき人なり、天才なり。
君の如き人を容るゝに、田辺は余りに小さかりき。

これは、群を抜ける青年、寒村への須賀子のラブレターだ。須賀子の文章に応えて、四月二一日号には、寒村の「わかれの歌」が載った。その中に次の言葉がある。

天降りし君が愛情《なさけ》や
ま夏かがやくしろ金の
日に大神の放つ箭《や》の
それにも増してあつき哉

母の情を君に得て

愁のかげは胸を去り
ただ懐かしき想ひにて
母と呼ばひて甘へしよ

これは、寒村から須賀子への熱い求愛であった。広く愛読された島崎藤村『若菜集』を思わせるリズムである。その後、須賀子と寒村の間では、頻繁に手紙がやりとりされた。

## 荒神口で

須賀子の両親はともに、京都の出身であった。須賀子とヒデは、その京都に向かい荒神口河原町に落ち着いた。鴨川が側を流れる風情のある町だった。

東京の寒村は、堺利彦の家で世話になっていた。この当時、堺は『社会主義研究』を毎月刊行していたが、大杉栄（一八八五年～一九二三年）らが手伝っていた。寒村は社会主義パンフレットの街頭宣伝・販売に励んでいた。そして堺に援助してもらって、神田の正則英語学校の夜学にも通っていた。

須賀子は荒神口から、切手を何枚も貼った部厚い手紙を寒村に送った。京都に来てみては、と寒村を誘ったのだ。

寒村は堺に費用を出してもらった英語の講習をさぼり、口実を設けて堺家を抜け出した。須賀子の住む京都へと向かったのだ。一九〇六年（明治三九年）八月のことだ。夏の京都、荒神口の家の二階の蚊帳の中で、二人は結ばれた。めくるめくような日々であった。瞬く間に、ひと月が過ぎていった。

だが、年上の須賀子はまもなく冷静さを取り戻した。

『寒村は愛しい。だが、生涯添い遂げる伴侶だろうか……』

また、東京の堺からも寒村にあてて「いい加減に帰って少し勉強したらどうだ」と苦言が届いた。

なかなか東京に帰らない寒村に対して、須賀子は「妹ヒデを連れて上京し結婚する」と約束をした。寒村の熱い思いに押し切られた形であった。

## 東京へ

須賀子は、寒村の情熱に動かされて東京へ行くことを決めた。だがその根底には、社会主義運動の中心地、東京に身を置くことによって、自分自身を試したいという思いがあった。しかし、無鉄砲に東京に出ていくわけにはいかない。まず東京での就職口を探さねばならない。堺家に寄宿している寒村に、その経済力はない。

その頃、『大阪毎日新聞』が、東京に進出することを考えていた。三年前に創刊した『電報新聞』が経営に行き詰まっており、これを買収し『毎日電報』として創刊することにし、社員を募集したのだ。須賀子はこれに応募し、採用されることが内定した。

須賀子は妹ヒデを連れて一九〇六年（明治三九年）一〇月、東京牛込区市ヶ谷の三宅という家の二階を借りて新生活を始めた。寒村とは同居はしていない。だが、寒村の紹介で近所に住む大杉栄と堀保子の夫妻とも知り合うことができた。

大杉栄は軍人の子として生まれたが、やがてあらゆる権威に対する叛逆の気持ちが育っていった。陸軍幼年学校を退校処分になった後、東京外国語学校でフランス語を学んだ。また、幸徳秋水、堺利彦の非戦論に共鳴し、社会主義に感化されて平民社に出入りし、社会主義研究会に参加していた。そして堺の出版の仕事を手伝っていた。同志たちの間に有為な青年として随分望みを嘱されていた。

堀保子（一八八三年〜一九二四年）は、堺の亡くなった先妻の妹である。一度結婚したがまもなく別れ、堺の家の世話になっていた。大杉の友人、深尾韶《しょう》の婚約者となっていた。だが、保子に惹かれた大杉が浴衣の裾に火をつけ、焼身自殺をすると脅かして求婚した。

保子は「大杉が余りに迫って来ますので、遂に其まゝ結婚した様な次第です」と語っている。

大杉栄、堀保子夫妻は九月に結婚したばかりであった（届け出なし）。保子も姉様女房であり、須賀子にとっては「姉妹のように睦んで居る人」となった。

寒村の案内で須賀子は、近隣の柏木にある堺利彦・為子夫妻の家にも挨拶に出向いた。大杉と保子の結婚の後でもあり、堺は二人の結婚を認めた（結婚の届け出はなし）。だが、大杉は語学教授として収入があるが、寒村には自立のための定職もない。別居も止むをえないとして、当分の間、堺は寒村の面倒をみようということになった。

堺の家では、「社会主義婦人会」が催されていた。堺為子、福田英子、幸徳千代子らが参加していた。そこで、須賀子は寒村新夫人として紹介された。いよいよ本格的な社会主義婦人の一人となったのである。

## 毎日電報

一二月、『毎日電報』が創刊され、須賀子は社会部記者となった。創刊号には「管城子シヤに構えたり」と紹介されている。管城子とは、管野須賀子をもじったものである。紅一点の須賀子が、和服姿で自信ありげに座っているようすが目に浮かんでくる。

翌一九〇七年（明治四〇年）一月四日号には「女囚と工女」、二月一五日号には「妻吉の今日此頃」が掲載されている。妻吉とは二年前に大阪の遊郭で起こった「堀江六人切り」の被害者である。芸者の妻吉だけは両腕を斬り落とされて一命を取りとめていた。妻吉は両腕に義手をつけ、高座で日本舞踊を踊っていた。また、口に筆をくわえて絵も描いていた。事件の当時、須賀子は大阪で婦人基督教矯風会の文書課長を務めており、同じ大阪人として感慨深いインタビューとなった。後年、妻吉は得度し、自分と同じ立場の身体障害者の自立を支援する福祉活動に励んでいく。

また二月一二日には、奉公する少女縫《ぬい》の過酷で孤独な生活を綴った「お縫さん」を掲載している。この少女は、須賀子が二階を借りていたその本家に奉公していた。大阪の両親と別れ、二歳と四歳の女児の子守りとして、泣かさないように懸命になだめながら、寒い日も暑い日も襁褓《おしめ》を洗い、夜遅くまで裁縫の手伝いをしていた。最後に須賀子はこう書いている。

されど、噫されど、憐れなる者、あに啻《ただ》にお縫いさんのみにならんや、世に幾千幾万のお縫いさんありて、日毎夜毎、勤めの辛さに、母恋しさに、万斛《ばんこく》の涙を若き袂に秘め居るを思ふ時、一たびわが頬を流れし熱き涙は、忽ち慄然として冷たう氷るを覚えたりしか。

須賀子自身が、愛媛の山奥で辛い夜を過ごしていた。また小宮家の片隅で、本を抱えてもがいていた。世の幾千万のお縫いさんの涙は、須賀子の万斛の涙となった。

七月一三日には、「足尾銅山鉱毒地、谷中村に関する「矢島刀自と谷中村」を書いている。栃木県の足尾銅山は日本最大の鉱山であり、その銅は日本の主要輸出品の一つとなっていた。だが、精錬時に発生する排煙や鉱毒ガス、排水に含まれる鉱毒は付近の環境に甚大な被害をもたらした。一九〇一年（明治三四年）には、煙害のため松木村が廃村となり、これに前後して久蔵村、仁田元村も廃村となった。一九〇六年（明治三九年）には、谷中村が強制廃村となった。戸数一四〇戸、千人の住民が立ち退きを命じられた。

鳥屋なき家鴨の幾群が夜になると滅亡せる谷中村を弔らはんとてか、声を揃えてガアガアと啼き立てるのと、卵を産む場所のない苦痛を叫ぶ牝鶏の悲し気な声とは、今も尚耳に残つて居る。

須賀子は、谷中村を直接訪れた矯風会の矢島楫子《かじこ》の言葉を紹介している。
このように、須賀子は『毎日電報』から、社会の底辺で暮らす人々の思いや、この現実社会の歪みを発信し続けた。

## 妹の死と寒村

須賀子は『毎日電報』以外にも、その文章を発表している。妹ヒデとの暮らしが伺えるのが、『新仏教』一月号に載った「麺麭屑《ぱんくず》」だ。

乗つたり歩いたりして、半日散々労《つか》らした体を、やつとの事で我家と名のつく畳の上に運び込み、小さな火鉢にカンカンおこしてある炭火で、冷たい手やら紫色にひえた耳を焙りつゝ、見た事聞いた事を相対した妹に語りながら、例の通り麺麭を喰べ初める。(この後、姉妹は残った麺麭屑を子どものように霰《あられ》にしてみる)
用の無い霰を、パラパラと炎々たる火中に投じると、パツと一条の煙が怨めしげに昇つたと思ふ瞬間に、急《たちま》ち真紅の人魂の様な火の子に変わつて仕舞ふ。
人生五十年、目にこそ見えね、自分等も又、悪戯な運命の手に散々弄ばれて、泣いたり笑つたり、一生懸命真面目に苦しみ抜いたトドの詰りは、荼毘一片の煙と消えて了ふのだと考へると、今迄の面白さは急ちどこへやら、何とも知れない、果敢ない様な淋しい様な、浅ましい様な悲しい様な、様々の感に胸を刺されて、急に信仰の乏しい自分の心がしみじみ怨めしくなり
「あゝ、此麺麭屑の様に終わりたくない……」
と、思はず呟かざるを得なかつたので。
（師走それの日）

冬の夜、姉妹二人で肩を寄せ合って暮らす情景が浮かび上がってくる。そしてその根底に横たわる、須賀子の厭世観がほの見えるようだ。
この後、二月二二日に妹ヒデは、亡くなった。後三日で一八歳を迎えるところだった。寒い部屋で二人きりで火鉢を囲み、語らった妹はもういない。堺はこう記している。

坊さんも居ない、神主も居ない、花もない、旗もない、只四人の男が柩をかついで、我々六七人が其跡についていつた。火葬場へ行つても式という様な事は一切ない、只柩を火葬室に納めて帰つてきた。質素にして真情ある実に善い葬いであつた。

ヒデの遺骨は、正春寺に葬られた。

結核で次々と亡くなっていった母、兄、妹。これらの死は、須賀子に深い影を与えていく。穏やかでまっとうな人生は、自分にはない。諦めと覚悟が、須賀子の胸の奥底に沈殿していく。

秋水がアメリカ滞在中に結成されていた「日本社会党」は、その機関紙として日刊『平民新聞』を再興した。日刊『平民新聞』は、アメリカから帰国した幸徳秋水と、堺利彦、石川三四郎（一八七六年〜一九五六年）、山川均（一八八〇年〜一九五八年）ら一四名の論客や若手記者が編集部にそろった。寒村もそのメンバーとなった。

ようやくこの頃、須賀子と寒村は一緒に暮らすことができた。寒村の『平民新聞』からの月給が一五円、須賀子の『毎日電報』からの月給が二五円であった。だが、わずか二〇日程で、この同居は終わっている。須賀子にとって、寒村は夫としては物足りず、喧嘩が絶えなかったのだ。

そしてヒデの死後、須賀子も病床についた。彼女も結核におかされていたのである。しかも日本で最初の日刊の社会主義新聞となった日刊『平民新聞』は、四月一四日に政府の弾圧により、廃刊となった。寒村は、また失業したのである。

やがて須賀子は『毎日電報』から休暇をもらい、五月から七月にかけて伊豆の初島へ転地療養におもむいた。ここで須賀子は、「理想郷」という伊豆のルポを書いている。七月には、須賀子は職場に復帰し、先に紹介した足尾銅山鉱毒地、谷中村の記事を書いている。一〇月、寒村は堺や秋水の世話で『大阪日報』に就職が決まり、大阪に転居することになった。この時、寒村と須賀子は話し合って、離婚することに決めた。

秋水が、翌年の九月に、母多治に書いた手紙にも、この時の事情が記されている。

千代への送金は一月もおくれたことはありません。(中略)世間で荒畑のことをかれこれ言て居ましたが、それは内輪の事情を知らないからで、実は管野と荒畑とは年もちがうし気しつも合はぬで、初め関係してから半年立つか立たずに面白くなくなつてけんかばかりして居たのです。夫で一昨年私共が国へ返る時分に、荒畑を大阪へ世話してやつたことがありましたが、アノ時から両人は全く縁を切つて別れてしまつた。

須賀子は『毎日電報』に願い出て、一二月末に再び転地療養をしている。房州保田の吉浜海岸にある秋良《あきら》屋の二階に、二月末まで滞在した。

この時、「死出の道艸」によると、「絶縁して居た寒村が、不意に大阪から訪ねてきた」とある。横浜の実父の病気見舞いに帰宅した寒村はその足で、「大阪から弟が来た」と秋良屋の須賀子のもとを訪ねたのである。それから、二〇日間ほどというもの、よりが戻ったと、須賀子は書いている。

寒村と須賀子が同居していたのは、わずか二ヶ月半にすぎない。京都でも、吉浜海岸でも、寒村の若い情熱に押し切られた須賀子であった。だが妹ヒデの死後、実際に暮らしてみるとうまくいかない。毎日、喧嘩ばかりだ。寒村は、彼女がかつて牟婁新報で書いたような、須賀子が命を懸けて共に生きようとする「理想の男性」ではなかったのだ。

須賀子は、その死の四日前にこう書いている。

　寒村は私を、死んだ妹と同じ様に姉ちやんといひ、私は寒村をかつ坊と呼んで居た。同棲して居ても、夫婦といふよりは姉弟と云つた方が適当のような間柄であつた。其故に夫婦として物足りないといふ感情が、そもそも二人を隔てる原因であつたが、其代わりに又別れての後も姉弟同様な過去の親しい愛情は残つて居る。私は同棲当時も今日も、彼に対する感情に少しも変わりがないのである。

## 平民社に集う社会主義者たち

須賀子は『毎日電報』の記者として寄稿を続けながら、平民社に集う社会主義者との親交を深めていた。平民社は何度か移転をしているが、当時は新富町にあり、もとの芝居茶屋を借り受けていた。一階は営業部と印刷部、二階に編集室があった。小机が並び、その上にはスズリ箱があった。堺、石川三四郎、山口孤剣(本名義三、一八八三年～一九二〇年)の諸氏が机の前であぐらをかき、毎日原稿を書いていた。また、資本制度や「紳士閥」などについて、口角あわを飛ばしての激論が盛り上がっていた。

日刊『平民新聞』の三月二七日号に、山口孤剣の「父母を蹴れ」が掲載された。これは

先ず汝の父母を蹴れ。殉難者の歴史は不孝に始まる。

という文章で、封建的家族制度を批判したものであった。この文章が、安寧を乱すものとして、新聞紙法違反とされた。山口は、一年二ヶ月の禁固刑を受け、石川三四郎は編集発行人として責任を問われた。須賀子たちは、四月二五日には、石川三四郎、山口孤剣の

入獄を日比谷公園に見送りに行っている。

また、大杉栄の出獄を保子夫人と坂本清馬（後述）と共に出迎えに行っている。大杉もまた、『平民新聞』にクロポトキンの「青年に訴ふ」を翻訳して掲載したという罪での入獄であった。

この時のことは、「巣鴨の一夜」として一一月一八日、二四日号の『毎日電報』に掲載されている。

池袋の停車場から傾く新月の影を便りに、凸凹した田舎道を、保子さんと坂本青年と私との三人は、遙かに大陸の様に真黒に見える、恐ろしい巣鴨監獄をのぞんで、御互いに足許の注意をしながら辿つた。（中略）

夜目には周囲一里もあろうかと思はれる監獄、この中にには二千に近い同胞が鉄窓の下に冷酷なる社会を詛《のろ》いひつゝ果敢《はか》ない夢を楽しんで居るのかと思ふと、数時間の後、友を迎ふる嬉しさも忘れて、私はもう胸が一ぱいになる。

「石川三四郎さんは、此辺にいらっしゃるんですよ」

監獄通の保子さんは立止まつた。私達は何時の間にか、高い煉瓦塀に添うて右手へ曲がつて居るのであつた。

「石川君万歳！　日本社会党万歳！」

不意に坂本さんは、声も破れよとばかり叫んだ。

# 第三章　権力に弄ばれて

## （1）赤旗事件

### 赤旗事件

一九〇七年（明治四〇年）二月五日の日刊『平民新聞』に、秋水は「余が思想の変化（普通選挙に就て）」を発表した。

余は正直に告白する。「彼の普通選挙や議会政策では真個の社会革命を成遂げることは到底出来ぬ。社会主義の目的を達するには、一に団結せる労働者の直接行動に依るの外はない」。余が現時の思想は実に如此くである。

この秋水の「直接行動論」をめぐって、日本社会党は直接行動か、議会政策か、大きく二つの考え方にわかれ、激論に揺れていく。そして日本社会党そのものが、安寧秩序を紊《びん》乱《らん》するものとして、解散を命じられた。

一九〇八年（明治四一年）六月二二日、山口孤剣の出獄歓迎会が神田の錦輝館《きんき》でおこなわれた。この時、直接行動派（硬派）、議会政策派（軟派）合わせて五、六〇名が集まった。大杉と寒村は、軟派への示威行動をねらって、あらかじめ無政府共産、無政府、革命と白文字を縫いつけた三本の赤い旗を用意していた。歓迎会が終わる頃、直接行動派の青年たちは、革命歌を歌い赤旗を振って気勢を上げた。その後彼らは、大杉を先頭にして旗を持って街頭へ出たが、現場で待機していた警官は赤旗を奪おうとし、これを拒んだ彼らともみ合いになった。

やがて神田署から応援の警官隊が到着し、大杉、寒村ら多数が検挙された。また、両者の間に入って仲裁をした堺利彦と山川均までが検挙され、小暮レイ子（一八九〇年〜一九七七年）、大須賀里子（一八八一年〜一九一三年）も検挙された。

須賀子もこの騒ぎに巻き込まれ、検挙された仲間との面会を求めて、神川松子（一八八五年〜一九三六年）とともに署に押しかけた。だが面会を拒絶されたところへ、赤旗を持ち帰ってきた警官と出くわした。「貴様の顔に見おぼえがあるぞ」と一人の警官が神川の手をつかんだ。もう一人の警官が須賀子をつきとばした。須賀子がおどろいて立ち上がろうとするところを、今度は腕をねじられて、神川と一緒に警察の建物の中へひきずりこまれた。

須賀子が初めて体験した、国家権力による暴力だった。体中の血が、いっせいに逆流するようだった。

『東京二六新聞』の六月二四日号には、「社会主義者ら拘引中拷問され気絶」という記事が掲載されていた。


社会主義者ら数名に厳重なる取調べを行いたるが、大杉栄は何のためか左胴腹を靴にて蹴飛ばされ、また荒畑寒村も同様蹴られて、ついに悶絶して発狂の態となり、堺利彦は檻房中にてただ昏睡し居り、小暮は房内にて突然癪を起して苦しみ居るも、なんらの手術も施さずそのままに打ち捨て置き、西川、大須賀、管野の三婦人には生傷の跡歴然たるものあり、これ取調べの際に数人にて拷問せしためなりという。


大杉、寒村に対する暴力はことに酷かった。警官は二人を裸にして足を持って廊下をひきずりまわし、蹴る、殴る、ふんづける、さんざんな目にあわせ、ついに荒畑が悶絶するに及んで、驚いてやめたのだった。

大杉、寒村への暴行を知り、須賀子の「義憤」に火が着いた。また須賀子自身、国家権力による暴力を身をもって体験した。須賀子は「敵」の姿をはっきりと見たと感じた。

八月二四日には、『東京朝日新聞』に「社会主義者公判雑感」が掲載された。

元来、治安警察法によれば、禁止命令を用いぬ場合二九条へ一六条の制裁を加へて拘引するのだ。ところが此赤旗事件に禁止命令が出たか出ぬか曖昧だ。大森部長は出したといふが、各被告等も他の巡査も知らないと云つて居る。シテ見れば突然旗を奪つたのは不法行為だ。

なお、治安警察法を上げておく。(解りやすいように平仮名に変えている)

一六条―街頭その他公衆の自由に交通することを得る場所に於いて文書、図面、詩歌の掲示、頒布、朗読若しくは放吟又は言語形容の他の作為を為し其の状況安寧秩序を紊《みだ》し若しくは風俗を害するの虞《おそれ》ありと認むるときは、警察官に於いて禁止を命ずることを得

二九条―第一六条の禁止の命に違背《いはい》したる者は、一月以下の軽禁固又は三十円以下の罰金に処す

赤旗事件の検挙者は、治安警察法違反と官吏抗拒罪《かんりこうきょ》で起訴された。こうして社会主義のセンターとしての働きを担ってきた、平民社の主要人物がすべて獄中に囚われてしまった。

幸徳秋水は、郷里の高知（中村）で病気療養中であった。若い頃に罹った肋膜炎や、入獄中の過酷な体験が彼を衰弱させていた。そこへ「サカイヤラレタスグカエレ」の電報が届いた。秋水は、裁判の傍聴のため高知から東京に駆けつけた。

直接行動派の青年が掲げた旗にある「無政府」とは、なんだろうか。これは秋水がアメリカで下宿をしていたフリッチ夫人からも教示を受けた「無政府主義（アナーキズム）」である。国家権力の否定である。だが、日本では天皇にたてつく者の意も含まれると秋水は考えた。彼はアメリカの友人アルバート・ジョンソンへの手紙でこういっている。

この国でアナーキズムを宣伝することは死刑あるいは無期、少なくとも数年間は入獄しなくてはならない。それゆえ、この運動は全く秘密のうちに行なわれなければならず、進歩と成功のためには長い年月と忍耐が必要である。

裁判は、西園寺内閣が倒れた後の第二次桂内閣のもとで、一九〇八年八月一五日に始まった。赤旗事件の公判筆記記録によると、公判二日目の八月二二日、須賀子は証人尋問に先立って特に発言を求めた。そして、予審調書は事実無根だと批判した。

予審調書には全く跡方もなき事を羅列せり。然も其事たるや到底、病身の自分には出来難き犯罪事項なり。自分が社会主義者なるの故を以て罪の裁断を受くるならば、甘んじて受くべし。然れども、巡査の非法行為を蔽《おお》はんが為に、犯罪を捏造して入獄を強ゐんとならば断じて堪《こら》ゆ可らず。（中略）法律は個人の思想を罰することを得ざるべし、飽くまで公平の裁判を望む。

予審調書では、須賀子が旗争いの中に入り、巡査に対して抗拒したと記載されていた。だが、須賀子は赤旗には一切手を触れていなかった。

妾は巡査が赤旗を押収せんとする際抗拒せしとあるも、病身なれば抵抗する事は毛頭無く、亦赤旗は一切手にせざり。

『毎日電報』の八月二三日号は、須賀子の発言をこう紹介している。

須賀子と神川松子は無罪となったが、判決は実に過酷なものであった。騒ぎを止めようとした堺や山川でさえ重禁固二年、先頭をきってあばれた大杉が二年半、荒畑が一年半であった。

第二次桂内閣は、徹底的に社会主義を弾圧し、その殲滅《せんめつ》をはかろうとした。

## 同志と共に

須賀子は後日、『自由思想』に「囚われの記」を書いている。


六月二四日、検事局の調べが一通り済んで、同志十四人が二台の護送馬車に押込められ、声も涸れよと革命の歌を謡ひ、無政府党万歳を叫びながら、東京監獄の門内へ引込まれたのは、日も暮近く、夕の涼風が襟に冷たい頃であつた。

厳めしい煉瓦の高塀に囲まれた幾棟とも知れぬ大建物、こゝに罪無き我等の自由を束縛するのかと、切歯しながら四辺を見廻していると、

「サ、是を被るんだ」と、横柄な看守が小暮、大須賀、神川と、馬車から降りた順に

一つ宛、女に丈《だ》けお定りの編笠を突きつけた。編笠！　名前も形も好もしい、何だか急に時代小説中の人物になつた様な感じがする。

然し、其様な呑気な事を思つたのは瞬間である。二十歩の先には前に降ろされた十人の同志が、二人一組に重い手錠を嵌《は》められ乍ら、一団になつて口々に私たちに対《むか》つて叫んで居る。

「監獄《ここ》では成る可く音なしくしなくちや損ですよ」

「不味くつても飯を沢山食わなくちや弱りますよ」

「ご機嫌よう」「体を大事に……」

私たちは堪らなくなつて、無理に引き止める看守の堅い手を振放して駆け出した。

そして手当たり次第に握手した。

「ご機嫌よう」「お大事に」

短い言葉は胸から胸へ強く響く。焔のように熱い四つの手は、力ある十の手にかわるがわる骨も砕けよと握り返される。こんな非常の場には、御互ひに羞かしいも気取るも無い、只燃へる様な十四の心が一つになる。が、夫れも束の間、

「コラコラ、何をしとる、早く行けツ」

大喝の下に、無理矢理に引張られて、左手の建物の中程の、鼻の支へそうな狭い仮

獄へ一人宛、荷物の様に押込められた。

## 須賀子の思想の急激な変化

須賀子の取り調べをおこなったのは、武富済《わたる》検事（後述）だった。武富は鬼検事として名高かった。国家権力を背にした武富検事の強引な取り調べと論告は、辛辣であり峻酷であった。須賀子は、無念の思いを噛み締めた。

また、四人の女性が東京監獄で受けた拷問はすさまじく、「着物や、金子《きんす》の差入は何うでも好い。入獄以来受けし圧虐に対して復讐して下さい」と訴えさせるほどのものだった。ことに肺結核が進行して「病監」に入るほどだった須賀子にはこたえた。初めて権力から不法な暴力を受け、初めて二ケ月以上も拘束され、そして起訴された。結果は無罪であったが、須賀子は『毎日電報』を解雇されることになる。

母も兄も結核で亡くなった。愛しい妹もやはり一八歳で亡くなった。自分自身の命もやがて尽きるだろう。生活の術もなくなった。

『国家とは何なんだろう……？』――そんな大きな疑問が、須賀子の胸の奥底から湧き上がってくる。国家なんか、潰してしまえばいいんだ。私の人生を、それに懸けたっていい……。

武富検事に対する激しい憎悪は、彼に具現化されている「国家権力」そのものへの憎悪であった。須賀子は社会主義改革の「敵」を、はっきりと見たのだ。

この後、須賀子はロシアのナロードニキ型行動（爆弾投擲《とうてき》）へと急傾斜していく。

## 坂本清馬がみた須賀子

坂本清馬（一八八五年〜一九七五年）は、高知で生まれた。上京し、小石川砲兵工廠で働く中で、幸徳秋水の思想に共鳴。何度も手紙を送り、秋水の書生となり秋水宅に同居。秋水が病気療養のため、高知の中村に帰ることになり、その後『熊本評論』の記者となっていた。

赤旗事件がおこると、『熊本評論』では直ちに檄文を書いてカンパを募った。その『熊本評論』七月五日号に坂本は、「管野幽月女史を想ふ」という文章を書いている。

女史は名を須賀子と呼び、芳紀正に人生の半を過ぐ。性艶麗優美、常に其優しき心臓《ハート》を以て人に接す、而も其革命を絶叫し、直情径行、資本家的政府を顚覆せんとするの大胆なる精神に至りては、実に露国革命婦人の概あるものと云はざるをべからず。之れ女史が哀々たる労働者を其の悲惨より救出せしめんとするの心情に外ならずして、女史や実に労働者の慈母と云ふと雖《いえど》も亦過言にあらざるなり。（中略）女史一日余に語りて曰く、「妾肺疾の冒す処となりて身累弱《るいじゃく》神気沮喪《そそう》多く為す能わずと雖も而も革命の犠牲たるを憚るものにあらざりなり」と、以て女史が意気の旺盛なるを知るべし。

須賀子はすでに、命を懸けて革命の犠牲となる道を選びつつあった。

## （2）幸徳秋水

### 高知に生まれて

須賀子が大阪で生まれる一〇年前のことである。幸徳秋水が、一八七一年（明治四年）

高知県の中村で生まれた。本名は伝次郎《でんじろう》である。父親は秋水が一歳を迎える前に病死し、貧しい暮らしと病弱な体ゆえに苦労をした。「こんな子がよう育つろうか」と母の多治は心配し続けたという。そのせいか、秋水は無類の親思いであった。母の多治を、生涯温かい愛情で包むようになった。

そして九歳の時、儒学者・木戸明の修明舎に入ると、神童の名をほしいままにする。

秋水は大人になっても五尺そこそこで背が低かった。少年時代の秋水は負けん気が強く、晴れた日でもホウ歯の高下駄をはいていた。秋の祭りでは、「酒だって人に負けるものか」と一升あまりも大酒を飲んだのが、後の肋膜炎発病の誘因ともなったという。

須賀子が生まれた年、秋水は一〇歳で中村中学校に入った。ここでも賞状ならびに賞品を受けるほど優秀な成績を修めていた。だが、台風で校舎が全壊し、なかなか再建されず退学。その後、家出を繰り返し、その度に、母だけでなく一族親戚が八方手を回して探しまわった。秋水は、自身の才能を伸ばし得ず、抑圧された「不平家」としての日々を過ごしている。

彼の運命が変わるのは、一七歳の時である。この頃、須賀子も父の鉱山業に不振のきざしがあり、東京に出て幾度か引っ越しを繰り返していた。

一八八八年(明治二一年)、秋水は同郷の中江兆民の門下生となった。中江兆民(本名篤介、一八四七年〜一九〇一年）は、自由民権運動の理論的リーダーである。兆民との出会いを通じて、秋水は全生涯に渡る影響を受けていく。単なる「個人的不平家」から「社会的不平家」へと大きく変貌をとげていく道が拓けた。

「秋水」という号は、「研ぎ澄まされた刀」という意味であり、兆民から贈られたものだ。兆民は秋水に、漢文・英語の徹底的な勉強を命じた。漢籍を学びなおすことによって、秋水は後年の気迫にみちた華麗な文章をものにしたといえる。須賀子が大阪の盈進高等小学校に進んだ時、秋水は兆民のすすめで「国民英学会」に通学した。そして二一歳の時にその正科を卒業している。

一八九三年（明治二六年）、秋水は兆民の推薦で『自由新聞』（板垣退助主宰）に入社した。ここで生涯の友となる小泉三申《さんしん》（本名策太郎、一八七二年〜一九三七年）と出会う。

一方、須賀子は母親が亡くなり、盈進高等小学校を中退するという逆境に耐えていた。一八九五年（明治二八年）、須賀子が大分県の竹田町で久しぶりに学校へ通うことができた頃、秋水は『中央新聞』に転職した。ここでも翻訳係であったが、外電の翻訳を通じて秋水は、一九世紀末の世界政治の情勢を鋭敏に察知する能力を身につけていく。

私生活では、紹介されて旧久留米藩士の娘、西村ルイと結婚をしているがわずか二、三ヶ月で別れている。須賀子は兄の益雄が病死し、祖母の看病に明け暮れていた。旺盛な向学心がありながらも、学校に通うことのできない一五歳であった。

## 社会主義へ開眼

一八九八年（明治三一年）、秋水は『萬朝報』の論説記者となった。この年、須賀子は自立をめざして上京し、看護婦会に入会している。

『萬朝報』は、兆民の郷里の後輩である黒岩涙香《るいこう》が社長をしていた。そして翌年、秋水は旧宇和島藩士で国学者でもある師岡正胤《まさたね》の娘、千代子と再婚をしている。自立をめざして上京してきた須賀子は、父親に懇願されて、商家の小宮福太郎と結婚をせざるをえなかった年であった。

当時、日清戦争後の日本では、産業の急激な発達で賃金労働者が大量に生みだされていた。また、戦後の物価高騰は賃金労働者の生活の貧窮化をもたらしていた。一八九六年後半からは、ストライキが各地におこり、新しい労働者組織も結成されるようになっていた。

このような社会の変動の中で、秋水はドイツの社会学者シャフレの『社会主義神髄』の英訳本を読んで、強烈な印象を受けた。この時彼は「予は社会主義者なり」とはっきりと自覚した。

秋水は、自由民権の兆民の思想から出発し、社会主義の思想へと開眼していったのだ。一九〇一年（明治三四年）五月、わが国最初の社会主義政党の「社会民主党」結成を呼びかけたのは、安部磯雄、片山潜、木下尚江、西川光二郎、川上清および幸徳秋水の六名である。だが次の「幸徳秋水と僕」の中の、木下尚江の言葉をみると、その結成の契機が如実に示されている。

新聞社に幸徳が尋ねて来た。僕の顔を見るといきなり、

「おい、社会党をやらう」

「ウム、やらう」

かういつて、立つたまま、瞬きもせずに見合つて居たが、やがてニコツと笑つて、直ぐに彼は帰つて行つた。

一方、封建的な商家の暮らしにおさまりきれなかった須賀子は婚家を飛び出し、『大阪朝報』の新聞記者となっていた。そして、秋水が『平民社』をつくった年、彼女もまた運命的な出会いをしている。秋水の朋友、木下尚江である。木下の演説を涙を流しながら聞

いた須賀子も、社会主義へと開眼していったのだ。

## 秋水とアナーキズム

一九〇四年（明治三七年）、週刊『平民新聞』の記事が「朝憲紊乱罪」にあたるとして、編集人の秋水は禁固五ヶ月、罰金五〇円をいい渡された。秋水は二月二六日、巣鴨の監獄に入った。秋水は山のような書物を風呂敷に包んで入獄した。病身の秋水は病監で粥をすすりながら、大量の読書をし、静かに思索を深めた。この五ヶ月間の監獄生活は秋水を大きく変えることになる。

マルクス派の社会主義者として入獄した秋水は、クロポトキンの無政府主義者となって帰ってきたのである。

五ヶ月間の監獄生活は、秋水の健康を蝕んでいた。秋水はその転地療養も兼ねてアメリカへ渡ることにした。その真意は、無政府主義研究にあったと思われる。

一九〇五年（明治三八年）一一月二四日、『牟婁新報』の社外記者となった須賀子は、こう書いている。

「我等が理想は、四民平等の社会主義なり」

その五日後、秋水はアメリカに着いた。サンフランシスコでは、秋水は山手にあるフリッチ夫人の家の一室を借りて生活をした。彼女は露国革命党の一員で、娘とともにアメリカに亡命してきていた。また、熱烈なアナーキストであった。近くには、若い頃、サンフランシスコとオークランド間の船の火夫をしていたアルバート・ジョンソンも住んでいた。

秋水の半年間のアメリカ滞在では、詳細な「渡米日記」が残されている。「来客断えずして休養の暇なし」という状態であった。また、フリッチ夫人やジョンソンを通じて、多くの人とも出会っている。

この半年間で秋水は、世界の革命運動の潮流——特にロシアにおけるゼネスト、武装蜂起の役割を見聞きした。また、ＩＷＷ（世界産業労働組合）の同志からはアナルコ・サンディカリズムの影響を受けて、直接行動論者となっていったのだ。

須賀子の弟正雄も被害にあった、サンフランシスコ大地震の体験をくぐり抜けた後、一九〇六年（明治三九年）六月五日、秋水は香港丸で帰国の途についた。須賀子は『牟婁新報』を退社し、京都に落ち着いた頃だ。

## （3）須賀子と秋水

### 秋水と須賀子

帰国した秋水の体調は思わしくなかった。翌一九〇七年（明治四〇年）、長年患っていた腸カタルが悪化し、腸結核を病むようになっていた。そしてついに一〇月、病気療養のため故郷の中村に一時帰ることにした。そこで、クロポトキンの『麺麭の略取』の翻訳を仕上げようとした。

「サカイヤラレタ　スグカエレ」の電報が、秋水に届いた。一九〇八年（明治四一年）、赤旗事件で堺利彦までもが検挙された、という報せである。秋水は、裁判の傍聴のため上京を決意した。だが、疲労しやすい体をいたわりながら、途中で和歌山新宮の大石誠之助や、箱根の内山愚童《ぐどう》（一八七四年～一九一一年）の林泉寺などに、立ち寄りながら東京へと向かった。三週間あまりの日数をかけて東京に着いたが、この旅で秋水に接触した人びとの多くが、やがて「大逆事件」の犠牲者となっていく。

赤旗事件の裁判は、西園寺内閣が倒れた後の第二次桂内閣のもとで、一九〇八年（明治四一年）八月一五日に始まった。かつて秋水が、アルバート・ジョンソンへの手紙でいったように、「無政府主義者である」という事は伏せておかなければならない。だが、国家にとっては「国家権力を否定」する、無政府主義者はなんとしても獄につないでおかなければならない。赤旗事件の公判筆記によると、裁判長は被告人全員に次のような質問をした。「被告は無政府主義者なるか？」

これに対して、被告たちは慎重に言葉を選んで「無政府主義者」と認めることを避けた。だが、須賀子一人は、決然とこう答えた。

「自分は最も無政府主義に近き思想を抱持し居れり」

この時、幸徳秋水は傍聴席で固唾をのんでいた。日本の法廷ではじめて「予は無政府主義者なり」と、大胆に公言した管野須賀子を、大きく眼を見開いて見つめていた。

やがて秋水は、自らがめざす革命への道の伴侶として、須賀子を考えるようになる。

## 秋水、千代子と別れる

秋水の妻、千代子の姉は名古屋控訴院判事に嫁いでいた。そして義姉は何かにつけ、秋水の社会主義活動にブレーキをかけてきた。秋水が本を出したり、新聞・雑誌を作るたびに、文句をいってよこした。秋水は運動の逼迫もあり、一九〇九年（明治四二年）一月に義姉に長い手紙を出した。

妻としては、私の運動に同情し、私の地位を呑み込んで、常に私を激励して死処を得るやうにして貫はねば困るのです。左なきだに心弱き婦人で、動《やや》もすれば手足まとひとなる恐れがある上に、若し他から種々と革命の危険を説かれ、損害や悲惨を論ぜられて忠告を受けると、常に夫の事業を制肘《せいちゅう》（自由に行動させないこと）し、士気を阻喪《そそう》（くじけること）せしむることになるかも知れぬのです。

そして、「私との関係を絶つ」しかないと、離婚を示唆したのである。堺利彦の妻、為子もこういっている。「千代子さんといふ人は運動家の妻となる人ではなかった。文士の細君になったらよかった人だらう」

三月一日、秋水は千代子と協議離婚した。千代子は後年、「風々雨々」の中でこう書いている。

上京後の秋水には何か落ち着かないものがあつた。そして心に深く何にごとかを決して居るやうでもあつた。私がこの時形式的に師岡姓に復帰《ふつき》せしめられたのも、秋水のその決心の現はれであつたらう。

千代子は、一〇年間連れ添った秋水からの突然の離婚の申し出に、激しく心が乱れた。だが、「心に深く何にごとかを決した」秋水の考えを尊重したのである。千代子は外国語にも堪能で、社会主義についても彼女自身、ある程度は理解していた。

秋水のいとこの岡崎てるは、千代子が須賀子のことを、こういっていたのを覚えている。

「よく勉強する、胸が悪いので時々房州へゆき養生しながらだけどしっかりしている」

## 『自由思想』の闘い

秋水は上京してから、はじめに柏木、のちに巣鴨に「平民社」の看板を掲げていた。短期間に住まいが変わるのは、警視庁におどされた家主が、秋水を追い立てるからである。

千代子と別れ、彼女を名古屋の義姉のもとに送り出した秋水は、三月一八日、今度は千駄ヶ谷の新居に移り平民社の看板を掲げた。この家は昨年、土木請負師が自殺したとかで、久しく借家人がなかった。秋水はそれを知らずに、借りて住んだ。

この時、須賀子は助手として平民社に住み込んだ。秋水の書生となった若い新村忠雄(後述)も一緒である。須賀子が助手として住み込んだのは、尊敬する革命の指導者である秋水を、支える仕事をしたい、という気持ちからである。

八畳の間が秋水の書斎、六畳の間が同志の談話室、玄関脇の四畳が新村、四畳半が須賀子の自室となっていた。

のちに『自由思想』の第一号に、「平民社を訪《おとな》ふ」という奥宮健之《けんし》(一八五七年～一九一一年)の文章が掲載されることとなる。

気が付かなかつたが、帰りに見れば、玄関の脇に四畳半の小座敷がある。襖の隙から覗くと、小机があつて、書物が沢山あつて、箪笥があつて、其上に針箱と鏡とが載つて居る。幽月君の居間らしい。
新聞・雑誌が屑屋のやうにチラかつてる秋水の書斎とは違つて、総てがキチンと片づいて居る。流石に御婦人だと感心した。
此程の夜、社会党の家で琴の音がするといつて、近所の人が門外に集つて居たとのことを誰かが話したが、果然《かぜん》室の一隅に綺麗な八雲琴が懸《かけ》てあつた。

秋水は弾圧の中で、須賀子や山手平民倶楽部の若者の力を借りて打って出ることにした。無政府共産主義思想を宣伝し、同時に全国の同志への連絡機関ともなる雑誌『自由思想』の発行を試みるのだ。一九〇九年五月二五日の第一号で、秋水は「自由思想」についてこう語っている。

嗚呼乾坤《けんこん》自由なきこと久し、吾人は言論の自由なし、吾人は集会の自由なし、政治の自由なし、信仰の自由なし、恋愛の自由すらも未だ之あらず、甚だしきは即ち労働の自由、衣食の自由、生存の自由すらも之無きに非ずや（中略）怪しむ勿《なか》れ、自由の思想なき処、何ぞ自由の行動あることを得ん、人間自由の行動に依つて社会の幸福を来たさんと希《こいねが》う。先ず自由の思想に向かつて民衆の進歩を求めざる可からず。

秋水はまた、「習俗的伝説的迷信的の権威」に縛られず、唯一の判断者として「自由思想」を以て進みたい、とその決意を述べている。そして、この決意の先には最大の「権威」である「天皇」を、彼は見ていたのだろう。

まさに「宇宙を呑む気概」を、須賀子は秋水の中に感じ取った。『秋水こそ、私が求めてきた理想の男性ではないだろうか』――須賀子は何か温かいものが、体に満ちてくるのを感じた。

編集発行人には、須賀子がなった。これは弾圧を引き受ける役であった。また、編集だけでなく、校正、会計、発送、全国の同志との連絡など、発行に向けて献身的に働いた。須賀子のこの働きに感激した秋水は「編集室より」で、彼女のことを全国の読者に向けてこう讃えている。

本誌の編輯は管野須賀子君が専ら之に当たり(中略)管野女史は雅号を幽月という。久しく関西の文壇で知られ、後ち東京の『毎日電報』に従事して居ましたが、此の雑誌の読者にはなじみが薄いかもしれません。

去年赤旗事件で入獄した一人で、日本の法廷に立って「予は無政府主義者なり」と大胆に公言した婦人は恐らく此の人が最初なのでしょう。

だがこの一号は、刷り上がったのを即日、差し押さえられてしまった。それでも、山手平民倶楽部の竹内善朔(後述)ら数名の若者は、警官の包囲網を破って市内一五区のポストに小部ずつ投函し、約二〇〇〇部の発送を終えた。

六月一〇日には、第二号を発行するが、これも発禁処分となってしまう。須賀子は、「本紙の発行と迫害」という文章でこう述べている。

甚だしきは、幸徳などの書たるものは絶対に禁圧する方針だから、イクラやつてもダメだと忠告が頻々と来るので、全く断念しやうかと相談しました。けれども苟《いやしく》も法治国を以つて標榜する国の官吏が、法律に触れないものを告発する訳にも行くまい、日本の政府もまだ左程に無茶ではあるまいと、大に日本政府を信用して、茲《ここ》に第二回の計画に取掛りました。

「おかみの御機嫌に触れないやうに、お目玉を食はないようにと注意し、軟化に軟化して編輯した」第一号も二号も、発禁となった。七月一〇日の東京地裁において、編集発行人の須賀子は新聞紙法違反事件で有罪となり、罰金一〇〇円に処せられた。八月七日には、第二号事件の公判が開かれ、さらに須賀子に一四〇円、秋水に七〇円の罰金が科せられた。まさに「罰金攻め」であった。秋水は、郷里の家・屋敷を売り払ったが、そこまでが限界であった。

七月一三日、『自由思想』はついに廃刊届を出して、その名は永久に葬られた。秋水と須賀子の懸命な努力にもかかわらず、全国の同志に『自由思想』を届けることはできなくなったのだ。

さらに、家の表と裏には昼夜の別なく、秋水を見張る四人もの警官がいた。また、出入りする者は新聞記者であろうがすべてチェックし、着物を脱がせる臨検が続けられた。

## 須賀子と秋水、結ばれる

『自由思想』第二号の発行に共に取り組んだ六月、秋水と須賀子は結ばれた。大逆事件の公判の中でも、「六月からです」と須賀子は述べている。

秋水は須賀子が求めてきた、理想の男性であったのである。

秋水と私は、熱烈なる相愛の夫婦になる。そして社会主義のリーダーである秋水と私は、全力を挙げて社会の変革のために闘う。やがて、成すべき務めを終えた後、私と秋水は完爾として相抱いて情死をするのだ。

これは『牟婁新報』に書いた「女としての希望」の記事の「情死」の情念とピッタリ符合する。

秋水も須賀子の中に理想の女性を見た。そして秋水は「僕は管野と恋に落ちた」と公言し、どんな非難からも須賀子を守るというようになった。大石誠之助への手紙の中では、「兎に角相愛して居るには違いない」と断言している。また、母親の多治にあてた手紙でも、こういっている。

それから改めて申上げますが、私は愈々《いよいよ》管野と夫婦になることに致しました。（中略）管野は熱心な社会主義者で、今春以来は病人の身で目ざましい働きもし苦労もして、世間でも社会主義者の主な人として私との関係は切れないものと認めて来たし、実際今後の運動は一處にやっていかねばならず自分もやる気で居る、其上一切の家事を独りで世話して居ますから、どうしても斯う成行くのが自然なので〜（後略）

そして二人は、結婚記念写真を撮った。紋付き姿の秋水の側には、涼やかな目をし、凜とした姿の須賀子が寄り添っている。

## 同志の離反

須賀子と秋水の結婚は、同志の反感を生んだ。さきに「妹の死と寒村」の項でみたように、一九〇七年（明治四〇年）一〇月、須賀子と寒村は離婚している。しかし、厄介なことに、赤旗事件で監獄にいた寒村に差し入れする際、須賀子は手続きの便宜上、内縁の妻と記載していた。須賀子は獄中で英語を勉強する寒村に、英訳の『罪と罰』を差し入れていたのである。それを寒村はヨリが戻ったと勘違いしていたようだ。また、同志たちにも離婚を正確には伝えていなかった。

秋水と千代子は正式に離婚していた。秋水と須賀子が結婚しても、法律的には何の問題もなかった。だが、獄中の寒村への同情が集まり、同志たちは秋水と須賀子から離反するようになった。
『自由思想』の第二号の公判がまだ始まらないのに、須賀子は七月一五日、警視庁に引き立てられていった。発禁処分の第一号と第二号を頒布したとして、新聞紙条例違反で告発されたのである。この時、須賀子は病状が重く、絶食して平民社で身を横たえていたのだ。秋水が発した「平民社通信」には、苦しい胸の内がこう記されている。

管野女史は年来肺患に悩んでいる身で、（中略）過度の労働に服した結果、病勢宜しからず、数日来絶食して臥していたのを起こされて、莞然《かんぜん》一笑して連れて行かれたのは悲壮でした。今予審中なので罪犯の次第は分かりませんが、兎に角全国同志を代表し、政府迫害の矢面に立ったものなるは、疑われません。
嗚呼、この炎暑、彼病弱、而して鉄窓の下に獄卒《ごくそつ》の呵責、実に之を想うに堪えない。

「莞然一笑」して連れていかれる姿からは、須賀子の秋水に対する思いやりの気持ちと、毅然とした覚悟が感じられる。

だが、警視庁などは須賀子が拘引された時には、「情婦」だとか「妖婦」と諸新聞に書かせた。社会主義者に対する世間の同情を失わせるための、情報操作である。

また、上司小剣《かみつかさしょうけん》が『早稲田文学』に書いた「閑文字」は、秋水、須賀子、寒村がモデルとして登場するゴシップ小説であった。これは、秋水と須賀子が夫婦関係となる以前から、二人の仲を中傷していた守田有秋（一八八二年～一九五四年）から聞いた話を、そのまま材料としていた。しかし、この小説が事実と混同されてスキャンダルとなって広まっていった。

いわく須賀子は、「獄中の寒村をすてて、秋水のもとに走ったみだらな女であり、秋水をたぶらかして正妻を追い出した悪女である」とされたのである。

秋水と須賀子には、政府の迫害と「妖婦」の噂が、同時に襲いかかったのである。

竹内善朔《ぜんさく》（一八八五年～一九五〇年）は、山手平民倶楽部の中心人物であった。この青年労働者の集団は、『自由思想』を官憲の弾圧から免れて出版、配布することに尽力した。そして竹内は、守田有秋の秋水批判と闘い、秋水をこれまで守ってきた。だが、その竹内からも、秋水は八月に絶交状をたたきつけられた。純粋な竹内は、どうしても秋水と須賀子の関係を認めることはできなかったのである。

この後、秋水は大石誠之助への手紙で、その苦悩を語っている。

世間の攻撃は益々ヒドいし、又管野が入獄以來は僕が熱心に彼女の世話をするし、其他下女などからも僕等が相愛して居るなどの模様を聞たらうし、そんなことで彼れの潔癖から絶交を申込で來たのだと察する。（中略）

迫害が烈しいので出入りの人が一人減り二人減りして段々に少なくなる、面会やら差入れやら其他生活上の奔走で多忙を極めてるのに、又こんなことでウンザリしてしまう。

秋水は今後、「天下同志の大部分に棄てられることとなるだろう」とも推測している。だが、世間の非難がさらに押し寄せてきたとしても、「僕は自分の世俗的名誉を犠牲にして進む處までは進むことに決心した」と書いている。

須賀子もまた、次のような歌を詠んでいる。

責太鼓迫り来る日もほほ笑みて
　み手に眠らむ幸を想ひぬ

責太鼓とは、いつ踏み込んでくるかもわからない警官隊である。そのような危機迫る中であっても、秋水の腕に抱かれて安らかに眠る幸せを、須賀子は噛み締めるのだった。

## 寒村の邪念

八月七日、『自由思想』第二号事件の公判が開かれ、東京監獄にいた須賀子は久しぶりに秋水と顔をあわせた。そこで、同志竹内らの離反の経緯を聞いた。そこで問題の紛糾化に驚いた須賀子は、赤旗事件で千葉監獄に入っている寒村に手紙を書いた。それは、寒村との離縁の確認と、須賀子と秋水の結婚通知である。

だが、寒村の側から見ればどうだったであろうか。寒村は獄中の差し入れの際、須賀子が「内縁の妻」と記載したのを、ヨリが戻ったと思い込んでいた。須賀子を愛し、秋水を尊敬してきた寒村であった。自分が何もできない獄囚であるうちに、その二人が結ばれ、須賀子からその事実を通告されるとは……。寒村は、獄中で黙々としてひとり苦しみ続けた。寒村が須賀子に返事を出したのは、九月六日のことだった。

此手紙の趣きはよく解りました。御相談とか何々とかいふ訳でなく、通知の形式なのですから、誠に返事のしやうも無いのですが、兎に角「主義の名によつて快諾」の意をいのります。(中略)

僕は只ここに謹んで秋水兄とアナタとの新家庭の円満・幸福ならんことを心から祈るのみです。

だが寒村は同時に、秋水には「決闘状」を送った。そして、二人を殺害しようと、満期出獄後にピストルを手に入れた。

翌年、須賀子と秋水は湯河原の天野屋に滞在することになるが、そこに寒村がピストルを持って襲撃した。一九一〇年(明治四三年)五月九日のことである。偶然、二人とも不在であり、寒村の襲撃は不発に終わったのだ。寒村は九日の夜、雨に濡れながら砂浜に座り、幾度かピストルの銃口をこめかみに当てた。

五月一三日、寒村は秋水に次の手紙を送りつけた。

僕は死ねない。イナ独りでは決して死なない。君等は僕の希望をこわした。光明を消した。主義も理想も捨てさせた。恥を知らない人間とさせた。親と兄弟と友に背いて、自暴自棄に奔《はし》らせた。僕にとっては、君等は憎い仇敵だ。君等を殺さぬ間は、断じて死なない。

五月二〇日、秋水は寒村に手紙を書いている。

兄（寒村）の僕に対する怒りも、恨みも、憎しみも無理ではない。よし、僕は兄を満足せしめんがために、甘んじて兄が銃口の餌食となろう。（中略）省みれば僕の愚にして弱かつたが為に、一面には寒村や千代子をして多大の苦痛を受けしめ、一面には幽月女史にも残酷なる犠牲を払わせて居るかと思へば、僕もその応報として更に幾層の苦痛も受くべき者であるかも知れぬ。

二回目の監獄生活を耐えていた須賀子は、一九〇九年（明治四二年）九月一日に平民社へ戻ることができた。だが、須賀子には四〇〇円という巨額の罰金が科せられていた。

この頃、須賀子の人柄を彷彿とさせるエピソードが残されている。須賀子は前総理大臣、西園寺公望（一八四九年～一九四〇年）を訪ねているのだ。須賀子の行動力にも驚くが、西園寺の包容力も感じさせる。西園寺がずっと後年、小泉三申《さんしん》に語った須賀子の印象は、こうだ。

「あなたの友人幸徳の仲間に女がいましたね。管野スガ――その女だ、訪ねてきたから駿河台の家の二階で逢ったことがある。美人ではなかったね、何の話しであったか、よくは覚えないが、いやなことではなかった、静かによく話して行った」

ただ一度会っただけの、そしてさまざまな女性を見てきた西園寺に「静かによく話して行った」という、爽やかな印象を永く残し続けた須賀子であった。

また須賀子は出獄後、『東京朝日新聞』のインタビューを受けている。「東京の女シリーズ」の一環として、「社会主義の女」と題して、九月一三日号に掲載されている。杉村楚《そ》人冠《じんかん》（後述）の名刺を持った、松崎天民《てんみん》の取材であった。監獄生活の疲れで、須賀子は青白い顔で語っている。

赤旗事件以来二度目の入獄ですから、顔馴染もありましたが、雑房では四畳半に十四、五人も一所で、八六の蚊帳に重なり合って寝るのですから、随分種々の喧嘩なども有りました。気の毒なのは女監の取締をして居る女で、朝八時から翌日の八時まで働き詰め、それで薄給なんですから立つ瀬は有りません。

　社会主義の婦人は、東京市内だけで十名位は御座いましょう。もう少し婦人の社会主義者が出ますと、婦人問題など私どもの方から唱道して、面白い運動が出来ようと存じます。社会主義の方は今の良妻賢母主義とは、全然正反対なんですから。


　平民社に戻ってきてからも、ずっと須賀子は伏せっていた。やっと起き上がれるようになった一〇月八日、近所の銭湯に行く途中、突然気を失って卒倒してしまった。尾行の刑事が驚いて、背負って平民社まで運んでくれた。

『自由思想』をめぐる警察との攻防、たび重なる入獄と罰金対策、秋水との関係に対する周囲からの中傷まがいの批判。それらの緊張の連続が、ついにストレスの蓄積となり、路上で須賀子の意識を失わせたのだ。須賀子は結核に侵されているだけでなく、脳充血を伴う脳病でもあった。須賀子は加藤病院に入院したが、退院できたのは一一月三〇日のことであった。

　秋水の友人、小泉三申は『自由思想』が潰され、身動きのとれない秋水を心配していた。彼は秋水をいったん運動から引き離し、経済的支援にもなるようにと、『通俗日本戦国史』

全一〇巻の執筆を提案した。

秋水と須賀子は、翌年の一九一〇年（明治四三年）三月二二日、平民社の看板を下ろし、先に述べた湯河原の天野屋へと向かうことになる。そこで秋水は執筆に専念するつもりであった。その宿代は小泉が負担した。だが、裕福な者にはのんびりと湯治できる湯河原であるが、懐の淋しい須賀子にとっては「却って一種の苦痛」となっていくのである。

## （4）「大逆事件」の真相

### 三人の若者

宮下太吉（一八七五年～一九一一年）は、山梨県生まれ。愛知の「亀崎鉄工場」で働いていたが、秋水の『平民新聞』を読んでおり、そこで階級意識に目覚めたという。だが鉄工場で起こしたストライキが失敗するなど、なかなかうまくいかなかった。天皇信仰が根深いことを知った彼は、この迷信から人びとを解き放つには、爆弾しかないと思い込むようになったようだ。

予審調書によると、一九〇九年（明治四二年）二月一三日、宮下は爆弾による天皇暗殺の考えを秋水に話したとされる。だが秋水は宮下の話には乗らなかった。五月二五日には、宮下は爆弾の調合がわかった、という手紙を秋水に出している。

宮下は、長野の明科《あかしな》に転勤することになった。予審調書によると、この時須賀子は宮下に対して、新村忠雄と古河力作の二人を紹介したとされる。

新村忠雄（一八八七年～一九一一年）は、長野県生まれ、一九〇九年二月、秋水の書生となり平民社に住み込む。弱冠二二歳の若者であるが、秋水を崇拝し病身の彼をよく支えた。

古河力作（一八八四年～一九一一年）は、福井県生まれ。身長は一四〇センチ足らずで、一寸法師などと渾名された。上京し滝野川の西洋草花店の園丁となった。ここで有栖川宮などの特権階級の邸宅にも出入りしており、社会的不平等に反発を覚え、社会主義者の座談会にも通った。

須賀子は革命への思いを綴った手紙を、たびたび古河に出している。須賀子にとって、地方出身の若者と語りあうのは、楽しいひと時であった。

## 須賀子の急進化

赤旗事件は、須賀子の人生の大きなターニングポイントであった。ここを境に、急速にナロードニキ型行動へと急傾斜していった。

須賀子は、大逆事件訴訟記録の第二回聴取書で次のように述べている。（なお今後、裁判記録に関する文章は、片仮名を平仮名現代文に変えていく）

私は元来無政府共産主義者の中でも過激なる思想を懐いて居りましたが、一九〇八年（明治四一年）六月の錦輝館赤旗事件に付いて入監した当時、つくづく警察官の暴虐なる行為を見て憤慨に堪えず、此の如くしては到底温和なる手段で主義を伝道するなどとは、手ぬるい事であると考え、寧《むし》ろ此の際暴動若しくは革命を起こし、暗殺等も盛んにやって、人心を覚醒せなければ駄目であるから、出監後は此目的の為に活動する考を起こしたのであります。

警察官の暴虐、それはとりもなおさず国家権力の暴虐であった。激しく燃え上がった須賀子の憎悪は、赤い溶岩となって一直線に「革命」を目指したのだ。

須賀子は、ロシアの革命婦人ソフィア・ペロフスカヤに惹かれていたのかもしれない。ソフィアは、一八五三年貴族の娘として生まれたが、反対を押し切って保健婦となった。そしてナロードニキの運動に飛び込んだ。

ナロードとは農民に代表される一般民衆のことである。ナロードニキとは、「人民主義者」を意味していた。やがて、皇帝が神懸ったものではなく殺害できる存在であることを示すために、テロリズムを実行していくようになった。武器には発明されたばかりのダイナマイトが選ばれた。また皇帝だけでなく、皇帝列車、宮殿などの爆破も組織的に計画された。

一八八一年三月一日、アレクサンドル二世は、乗っていた馬車に投げられた二発の爆弾によって暗殺された。その現場で白いハンカチを振って投弾を指揮したのが、ソフィアであった。彼女は同年三月一〇日、二七歳で絞首刑となっている。そしてこの年、須賀子が生まれている。

一九〇九年（明治四二年）の、日本の話に戻ろう。

前述したように、平民社で身を横たえていた須賀子が、七月一五日、秋水の目の前で警視庁に引き立てられていった。『自由思想』の相つぐ発禁にひきつづき、秋水は匿名で書いた原稿さえ断わられるようになっていた。政府の弾圧は、秋水と須賀子に「餓死」をも迫るものであった。

## 九月の思い

第一級の社会主義のリーダーである秋水を、政府はアメリカ滞在中からスパイを使ってその動向を監視していた。今や主義の伝道とその生活の糧であった、著述の道も断った。また巨額の罰金により、身動きもできないように封じ込めている。現に、常時四人の警官を秋水宅の前後に配置し、見張りを続けている。

九月一日、病身の須賀子がさらに衰弱して、東京監獄から平民社に戻ってきた。合計六四〇円の重い罰金を背負わされて。秋水の怒りは激しく、体が震えるほどであった。平民社には秋水、やつれた須賀子、若い新村の三人しかいなかった。そして三人は、爆弾の言葉を口にするようになったのではないだろうか。秋水は公判の中で、次のように語っている。

一九〇九年九月には激昂し、天皇に爆弾を投げんとする話は、九月に出た。雑誌は禁止せられ、千円の罰金を科せられ、警察の圧迫は益益甚だしく、政府の胆を奪わんとして、此計画となる。

九月に至り、政府の迫害甚だしく、出版、言論、生活、皆其自由を奪われ、友人との交際も妨げられ、大に憤慨し、宮下が爆弾を製造する故、之を以て一つ遣れ、と元首に対する話は、此時に初まる。

優しい古河は、須賀子が病床から警視庁に拘引された時、「身代わりに行こう」といってくれていた。だが、この話には消極的であった。宮下の爆弾製造に賛同していたのは、須賀子と新村の二人であった。そして九月の秋水であった。

一一月三日夜、明科の山に大きな音が響いた。宮下の爆弾の実験が成功したのだ。この日は天長節であり松本で花火が上がるので、その音に紛れるだろうと宮下は考えていた。そして彼は東京の平民社に「赤ん坊の啼《な》き声が大きかった」と、成功を喜ぶ手紙を送っている。

だが長野県警は宮下が明科に来た時から、社会主義者として要視察人のリストに入れていた。そして明科駐在所の小野寺巡査が常時、宮下を監視していたのだ。また宮下の勤め先の明科製材所にも二人の密偵が送り込まれていた。

## 秋水の変化

一〇月、須賀子が路上で卒倒し、加藤病院に入院した。そして退院してきたのは、一一月三〇日のことであった。この時、秋水の心は微妙に変化していた。九月の激高が落ち着いた後、やはり秋水は長い射程を冷静に考えた。退院してきた須賀子もそれを感じ取った。

秋水は第六回の予審調書でこう述べている。

私は、社会主義のためには知識上の伝道がもっとも必要があると思っておりました。(中略)そのような次第で、いま自分が宮下の運動に加わって倒れるのは主義のためにも利益でないと考えました。また、新村忠雄も、先生のような人は知識上の伝道をやるほうが主義のためにもよいから、今回の計画から退いたほうがよかろうと申しました。

私は管野が幼少のときから逆境に育ち、戦闘的な生活ばかりしてきた女であるから、今後は平和に生活させてやりたいと考えましたので、同人も今回の計画から退かせようと思い、そのことを同人に話したことがあります。それ以来私の態度が自然明瞭を欠くようになったのです。

秋水は社会主義の知識の伝道と、やがてくる将来の革命の準備という基本路線に戻ろうとしていた。そして須賀子もこの計画から退かせれば、自然と新村も退くであろう、と感じていた。また、古河が冷静であることも十分に承知していた。そうすれば、宮下一人の実行となるであろう、と考えていた。

「スペインの無政府主義者フェレルが虐殺された」という記事が、同年一一月二三日、日本の新聞で報道された。須賀子はこの時の秋水の動揺を、裁判の中で次のように述べている。

幸徳は、西班牙（スペイン）の政府が無政府主義者フェレルの妻子を拘禁して陵辱を加え、次いでフェルレを軍法会議に廻して銃殺したと言う事を新聞に見、非常に心配して居た様です。

それで一一月末頃より、爆裂弾運動に躊躇の色を現し、田舎に引込んで著述をする、と言う様な事を話して居りました。

秋水にとっては、「妻子を陵辱」の箇所が耐えられなかったのであろう。須賀子のこともあろうが、郷里に残している母の多治のことを考えると断腸の思いとなった。だが、この時須賀子は「私も、母も兄もあるが、主義の為には余儀ないではないか」と秋水にいい切っている。

## 杜撰な計画

一二月三一日の夜おそく、明科の宮下は年末休みを利用して千駄ヶ谷の平民社を訪れた。そして一九一〇年(明治四三年)の元旦を迎えた。宮下は爆弾の見本のブリキ缶を持ってきていた。正月の屠蘇気分も手伝って、須賀子、宮下、新村、秋水の四人がブリキ缶を畳に投げてみた。子どもの遊びのようでもあった。あまり熱のこもらない秋水らに、宮下はジリジリした思いを持ったのではないだろうか。

また前もって連絡していたのに、当日、古河は平民社に来なかった。正月の事だから、二、三日は宮下が滞在するだろうと思っていたのだ。そして二日の夜、すでに宮下が帰った後に、古河はやってきた。この後も、古河と宮下は一度も会っていない。

この一連の出来事は、後に「大逆事件」として、天皇の命を狙った大陰謀とされていく。だが大陰謀とされるには、あまりにも杜撰な計画であった。その証拠に、秋水、須賀子、宮下、新村、古河の同志全員が一堂に会し、相談したという機会が一度もない。判事の予審調書や検事の聴取書を読むと、「大逆事件」は須賀子らの綿密で、不逞《ふてい》な謀議の上に、明白な事件として成り立っているとの印象を受ける。だが真相は、はたしてそうなのだろうか。

須賀子自身、革命への燃えるような情熱と理想はあるが、果たして明確に「天皇暗殺――大逆」を意図していたのだろうか。「死出の道艸」にはこうある。

仮りに百歩、千歩を譲つて、それらの座談を一の陰謀と見なした所で、七十三条とは元より何等の交渉も無い、内乱罪に問はれるべきものである。

それを検事や予審判事が強いて七十三条に結びつけんが為に、己れ先ず無政府主義者の位置に立つてさまざまの質問を被告に仕かけ、結局無政府主義者の理想――単に理想である――其理想は絶対の自由平等にある事ゆえ、自然皇室をも認めないという結論に達するや、否、達せしめるや、直ちに其法論を取つて以て調書に記し、それらの理論や理想と直接に何等の交渉もない今回の事件に結びつけて、強いて罪なき者を陥《おとしい》れて了つたのである。

「内乱」とは、政府転覆をめざして暴動を起こすという意味である。須賀子は広範な大衆蜂起を、理想として思い描いていたのではないだろうか。「内乱罪」と「大逆罪」では大きく違う。「大逆罪」では死刑あるのみであるが、「内乱罪」の刑罰は禁固三年以上か、無期禁固、あるいは死刑である。

この一連の出来事は、「明科爆弾事件」であって「大逆事件」ではなかった。革命への理想を語る座談が、大陰謀にすりかえられていくのである。

## 湯河原にて

三月二二日、秋水と須賀子は『自由思想』を共に守ろうとした、思い出のこもる平民社をたたんだ。そして湯河原の天野屋へと向かった。須賀子も秋水の友人小泉三申の友情と熱意に動かされたのだ。書生の新村は、郷里の長野へ帰ることになった。

秋水は須賀子にこういった。「君は今まで苦労ばかりしてきて、人生をしみじみ味わう事もなかったではないか。可哀そうでしかたがない。もう少し、女らしい生活や、幸せなくらしを味わわせてやりたい気がする。なにも死に急ぐことはない。いっそ、二人でしばらく田舎にでもひっこんで、体の養生をし、時世を待ったらどうだろう」

女らしい生活や、幸せなくらしを勧めてくれる秋水の気持ちはうれしい。だが、須賀子は平穏な生活ではなく、熱い血が沸き立つ瞬間を求めていた。ちょうどこの頃、中国の「長沙」で米騒動が起こっていた。「長沙」は、中国湖南省の都市で、この翌年（一九一一年）一〇月には湖北省の武昌で蜂起が起こり、一一月の辛亥革命へと至っていくのだ。須賀子は古河に四月一八日、次のような手紙を書いた。

私当地へ参つて後横暴な紳士閥や軽薄な人心の浅ましさが眼にあまつて多少の刺激を受けると見へどうも頭脳が悪くつて困つて居ります。湯治でもして居ると言へば大層体裁はよろしくございますが懐の淋しい者には却つて一種の苦痛だとしみじみ感じられます。（中略）

長沙の暴動、中々盛んで御座いますね。新聞を見て血を沸き立たして居ります。暴動、革命、私は自分の力の足りないのが歯痒くて堪りません。少しく体力を養ひ少しく警戒の怠たるを待つて献身といふ文字に少しく色彩ある活動をして終わりたいと絶えず其方法を考へて居ります。

須賀子は「献身」という言葉を使っている。主義のために自分は犠牲になるのだ、という覚悟だ。そしてそれこそが「色彩」のある私の人生だと、自らの命の終わりかたを決しようとしている。

須賀子は、のんびりとした湯河原での生活になじめなかった。体の奥底から、激しい情熱が湧き上がってくるようだった。古河への手紙にも書いたが、須賀子は罰金四〇〇円のための、一〇〇日の換金刑に服すことにした。

四百円の口の上告を愈よ先日取下げましたので余り盛夏にならぬ前に百日勤めて来やうと思ふので御座います。あれがあつてはとても思ふ様に身動きが出来ませんから、脳の養生かたがた行つて参らうと存じて居ります。

須賀子の決意に、秋水はもう何もいわなかった。須賀子は秋水に別れを告げて、五月一日上京した。そして旧千駄ヶ谷平民社のまむかいの増田謹三郎、さだ子夫妻の世話になった。八畳の離れ座敷を貸してもらったのだ。増田は出版社に勤めるクリスチャン、妻のさだ子は産婆で世話好きであった。平民社で須賀子が病に伏せっている時も、たびたび見舞いに来てくれた。また湯河原に行く時には、荷物の一部を預かってくれていた。

さらに増田夫妻は義侠心が強く、須賀子の刑死後、その死骸を引取り、通夜、埋葬まで一切の面倒をみてくれるのである。

## 須賀子の気持ちの揺らぎ

換金刑による須賀子の入獄は、五月一八日と決まった。だがその頃、須賀子の心は、大きな振幅で揺れている。須賀子の手紙にその気持ちが現れている。（なお、原文に句読点を追加している）

十二日朝、昨日も今朝も手紙が来ないが、病気なの。お天気の加減か今日は気分がわるい上、胸が痛んで二三時間裁縫をしたばかり。終日悲観して暮らしました。無意義な人生！　私は此冷たい空気を永く呼吸するのに堪えません。

生！　生の苦痛。人間と云ふものは何の目的があつてこの無意味な悲惨な旅を続けるのでせう。

（五月十二日）

秋水のことを思いながら彼の着物を縫っている須賀子は、手紙が来ないことに苛立っている。だが、この後すぐに秋水からの手紙が届く。

先刻あの乱暴な手紙を出してから湯に行きましたがどうも気分がわるく、夫にああは書いたものの矢張りお手紙が待たれてギリギリしながら涙ぐんで横になつて、口惜しい様な悲しい様な何とも言はれない心持ちで居ると御手紙が来ました。もうすつかり機嫌がなほりました。優しい懐かしい御筆跡を見ると今迄のムシヤクシヤムシヤクシヤして居たのが、さつと煙のやうに消へて了いました。実ハもうどんなに優しい手紙を下さつてもこんなに人を苦しめたんだから返事も書くまい、こうして黙つて入獄してしまはうと決心していたのですが、御手紙を見ると此通り平に御詫びを書く気になつたのです。

何といふ子供らしい馬鹿な人間でせう。許して下さいね。どうぞあんなに癇癪を起こす程アナタの事ばかり思つて居たんですから。御分れして以来、何だかどうも気分がわるい上恋しいのと淋しいのとで少し病的になつて居たのです。もうこれから機嫌よくして五日間ハ毎日手紙を書きます。

あなたも屹度《きつと》毎日頂戴ね。入つてしまえばあきらめるけど、どうも自由な間ハ慾が

出て仕方ありません。（中略）
どうか無理をなさらない様にくれぐれも御自愛を願ひます。
あなたが壮健でさえ居て下されば私ハ何年囚《とら》へられても、又死んでも構いません。
なつかしき水さま　　　　　　　　　　　月
追伸　私も風でのどが痛んであいかわらずタンが沢山出ます。
両三日中に着物の小包を出しますから其中へ薬を入れます。（五月十二日）

苛立ちの手紙を出した直後に届いた手紙。素直にうれしい須賀子の気持ちが弾けている。秋水への一途な思いが、飾らずに、偽らずにあふれ出ている。

だが、五月一六日には肺結核の影響だろうか、こじれた風邪に苦しんで、次のような手紙を書いている。


何度か知らないが昨夜ハひどい熱でした。（中略）　過日来の過労と風のコジレでかうなつたかと思ひます。然し仰の通り何事も運命です。今度の病気をきかれたらアナタは屹度入獄を延ばせと言はれるでせう。が、私は断然参ります。

ここで寝て居るよりは寧ろ獄中で寝た方がよい。ここでグズグズして死ぬよりは、

（万一）監獄で死んだ方がよい。
其方が多少の意義、そして死其の者に対する慰藉《いしゃ》があります。　（五月十六日）

須賀子には、死に対する強い願望がある。肺結核の自分は、もう長くは生きていまい。それならば、意義のある色彩のある死に方を選びたい……。

## 入獄前夜

五月一七日、いよいよ須賀子が東京監獄へ入る日が翌日と迫った。古河と新村が、増田家の須賀子を見送りにきてくれた。久々に三人で語り合った。そこでその日来ていない宮下について、同じ長野にいる新村から、須賀子は不安な話を聞いた。

爆弾の再試験をしようと思って約束の日に停車場へ行って待って居たが、宮下が来なかったので出来なかった。近来、彼は女のため大いに鈍っている。

宮下は最近、自分の部下の清水太市郎の妻小沢玉江と親密になっているとのことだ。その上あろうことか、爆弾のことをその女に打ち明けたこと、そして爆弾を宮下が清水に預けたことなどを、新村は須賀子に告げた。

それを聞いた須賀子は、驚きのあまり動悸がしてきた。悪い予感が、どす黒く拡がっていった。小沢玉江は、色仕掛けのオトリではないだろうか。そして清水は、警察の犬ではないだろうか……。

翌一八日午後、須賀子は新村らに見送られて検事局に赴き収監された。明科の宮下のことを考えると気が重かった。そして、須賀子の予感は的中してしまう。

五月二五日、清水太市郎はすべてを密告し、宮下を売った。そして事件は暴露され、新村、古河らの検挙となっていく。

## 一斉検挙

宮下についで、新村、古河が検挙された。宮下のもとを訪れる新村の姿は、かつてより警察の把握する所だった。また新村宛の手紙から古河の名前が上がった。そして、新村の兄、新村善兵衛（一八八一年〜一九二〇年）も薬研《やげん》（薬を作る時に鉱物質などを粉状にひく器具）を送ったというだけで検挙された。宮下の部下の新田融《とおる》（一八八〇年〜一九三八年）も、爆弾を作る部屋を貸し、宮下の命令で小さなブリキ缶を作らされたというだけで検挙された。

秋水は六月一日、天野屋から上京のため駅に向かう途中、湯河原で検挙された。須賀子は六月二日、東京監獄の女監から東京地裁に呼び出された。

当初、被告人として送致されたのは、この七名であった。「明科爆弾事件」はこの七名で終わるはずであった。だが捜査は全国に及び、数百人の社会主義者、無政府主義者が逮捕されていった。そして検察は、二六名もの人たちを「明治天皇暗殺容疑」として起訴していくのだ。

政府はこの機会に日本中の社会主義者、無政府主義者を一網打尽にしようとしたのだ。そして、なんとしても幸徳秋水を葬りたかった。宮下太吉を中心とする「明科爆弾事件」は、幸徳秋水を首領とする「全国一大陰謀事件」にすりかえられ、拡大されていくのである。これは、政府によるフレームアップ（でっちあげ）である。

須賀子は、「死出の道艸」の中で、こういい切っている。

今回の事件は無政府主義者の陰謀というよりも、むしろ検事の手によって作られた陰謀という方が適当である。公判廷にあらわれた七三条の内容は、真相は驚くばかり馬鹿げたもので、其外観と実質の伴わない事、たとえば軽焼煎餅か三文文士の小説見た様なものであった。検事のいわゆる幸徳直轄の下の陰謀予備、即ち幸徳、宮下、新村、古河、私、と此の五人の陰謀の外は、総て煙の様な過去の座談を、強いて此の事件に結びつけて了ったのである。

刑法七三条とは、いわゆる大逆罪である。

須賀子は、自身の覚悟はできていた。だが須賀子たち五人のために、不幸にも死の淵に投げ込まれた友のことを考えると、いてもたってもいられなかった。そしてこの国家的裁判の陰謀を知ると、体の奥底から怒りのマグマがわなわなと沸き上がってくるのだった。

# 第四章　獄中で見たもの

## （1）獄中生活と針文字の手紙

### 大量検挙

樹齢六〇〇年の大イチョウが、現在も山手線大塚駅前に立っている。見上げれば鬱蒼とした濃い緑が目にしみる。この地の守り神となってきた天祖神社の境内である。今も昔も、大イチョウはこの地の歴史を見つめ続けてきたのだ。

平民社の跡地は現在、駅の北口広場となっている。プラタナスやカエデの街路樹が、優しい日影をつくっている。中央には円形の花壇があり、ツツジや、白や黄色の可憐な花が植えられていた。

時は、今から百年以上前に遡る。

このあたりは明治時代、巣鴨と呼ばれていた。その頃、大塚駅のホームに立つと、平民社の瓦ぶきの平屋がそのまま見えた。まわりは雑木林につつまれ人家もまばらな武蔵野であった。

その巣鴨平民社に、一九〇八年（明治四一年）一一月一九日、新宮の大石誠之助が訪ねてきた。そして幸徳秋水と、山手線の土手むこうに住んでいた森近運平（一八八一年〜一九一一年）との三人を中心に、数人でなごやかに談笑した。秋水はパリ・コミューンや、一九〇五年のロシア第一革命での労働者の決起を茶飲み話として語った。秋風がさわやかにススキの穂を揺らしていた。

だがまさにこの地での、この談笑が、明治政府の手によって天皇暗殺の「共同謀議」とされていったのである。

森近はその翌年、郷里の岡山へ帰り、そこで逮捕されることになる。

大石は秋水と談笑した後新宮に帰り、翌一九〇九年（明治四二年）一月頃、新年会として五人の親しい人を招き、東京のみやげ話をした。五人とは、成石平四郎、兄の成石勘三郎、僧侶である峯尾節堂、高木顕明、新聞記者である崎久保誓一であった。これが、紀州での天皇暗殺の謀議とされていくのだ。

そして大石は平民社からの帰り、京都・大阪にも立ち寄っていた。このため、大阪の武田九平、岡本頴《えい》一郎、三浦安太郎とも謀議したとされ、三人は検挙されていく。

また「一一月謀議」とされたのと同じ月、平民社で秋水と会った松尾卯《う》一太《いった》（一八七九年〜一九一一年）、坂本清馬（一八八五年〜一九七五年）も同様の謀議をなしたとされた。『熊本評論』を発行していた松尾は熊本に帰って、新見卯一郎、佐々木道元、飛松与次郎と同様の謀議をしたとされ、彼らの検挙につながっていった。

　このように「一一月謀議」は秋水を別として、さらに一五人の被告人をつくり、大逆事件を全国的な事件としていったのだ。またこれとは別に、箱根林泉寺の内山愚童《ぐどう》（一八七四年〜一九一一年）も被告人となった。彼は、天皇よりも皇太子をやるべきだ、といって歩いたとされた。そしてその話を神戸で聞いたとして、岡林寅松、小松丑治も検挙されていった。

　こうして明科事件の項でみた、須賀子、宮下、新村、古河と、新村の兄善兵衛、新田融、奥宮健之《けんし》を合わせて、二六名もの人たちが被告人となったのである。

## 拡大方針

「明科爆弾事件」は、宮下、新村、須賀子、古河の四人が関わっていた。幸徳秋水は、これまで見てきたように、この計画からは身を引いていた。だが、小山松吉検事（一八六九年〜一九四八年）は、一九二九年（昭和四年）司法省から発行された『日本社会主義運動史』で次のように明かしている。（この本は、検事総長となった小山が、若い思想検事のためにおこなった講演の記録である）

幸徳伝次郎は此の事件に関係のない筈がないというのが、当時関係官吏の一同の意見であったのであります。（中略）幸徳が此の事件に関係のない筈はないと断定した松室総長も幸徳を共犯と認定する意見でありましたから、証拠は薄弱でありましたが、幸徳も同時に起訴するようになったのであります。

六月四日、小林検事正や有松警保局長は、事件の不拡大を発表した。事件は「爆発物取締罰則違反事件」である。また、明治天皇暗殺を謀ろうとした「刑法七十三条の罪」を問うとしても、宮下、新村、新村（兄）、新田、古河、須賀子、秋水の「明科爆弾事件」に関わった七人に限定して、その中から真の七三条違反者を絞り込もうとした。

刑法七三条—天皇、太皇太后、皇太后、皇后、皇太子又ハ皇太孫ニ対シ、危害ヲ加エ、又ハ加ヘントシタル者ハ死刑ニ処スだが桂内閣の力が働き、六月二〇日、司法省の首脳会議が開かれ、ここで「事件の拡大方針」が決定されたのだ。客観的な証拠主義の立場をとる小林検事正は最後まで反対論を唱えた。しかし、証拠なしに見込み捜査で幸徳秋水をつかまえた平沼騏一郎《きいちろう》（後述）の乱暴な方針が通った。

この後、大審院検事局で実権を握っていく平沼騏一郎による権力統制が、平沼の方針を強制し個々の検事の自由を奪い、みこみ捜査による人権無視と事件拡大へとつながっていくのである。

湯河原で逮捕された秋水は、一度も取り調べを受けないまま起訴された。検事総長の松室致《いたす》（一八五二年～一九三一年）は、明治天皇暗殺を謀ろうとした「刑法七三条の罪」に該当すると判断したのだ。大逆罪は、大審院の特別権限に直属し、一審にして終審、上告の道はない。

「危害ヲ加ヘ、又ハ加ヘントシタル者ハ死刑ニ処ス」という条文は、既遂のほかに未遂をも対象にしていた。またその未遂は一般の殺人罪と違い、予備から陰謀まで含むとされていた。権力者の拡張解釈にたいへん都合よくできていた法律であった。また「七三条」は天皇中心の専制国家を守るための、基本的人権を無視した野蛮な法律であった。そして、その処刑は死刑ただ一つである。無罪か死刑か二つに一つという、まさにおどろくべき法律であった。

松室検事総長はまもなくチフスにかかって病臥し、司法省民刑局長の平沼が、大審院次席検事を兼任して、総指揮をとる事になった。平沼からすれば、松室はロボット的存在にすぎなかった。平沼はこういっている。

事件が本当であれば、秋水は首魁《しゅかい》に違ひない。先づ幸徳を捕へねばならぬ。（中略）幸徳が逃げるやうなら事件は確かである。そこで、熊本、紀州、信州多方面にわたって検事を派遣し、一味を一斉に検挙した。

紀州や熊本方面で強引な取り調べを実際におこなったのは、武富済《わたる》検事であった。被告に睡眠を与えないウッツ責めにして抵抗力を弱めた後、筋書き通りの自白を強要していったのだ。

紀州の僧侶、峯尾節堂（一八八五年〜一九一九年）は、獄中手記でこう述べている。

検事は始終私を恐ろしい権《けん》まくで白眼《にら》みつけて、ぴりぴり詰問する内に、時々私を見返り「お前は直接関係がないと云ふ事は解つてをる。ただ事実さへ言へば直ぐに帰らしてやる」と言つた風の口吻をもらさるるので（中略）随《したがつ》てかく言へば検事は真に自分を解放するならん、と浅はかな見込みを付け、遂にとんでもない返事をしてしまつた。

## 武富済検事

武富済（一八七九年〜一九三七年）は、愛知県刈谷町の安養寺住職の娘畢《ひつ》の私生児として生まれた。やがて東大法学部を卒業し、東京区裁判所兼地方裁判所検事になった。大逆事件で、大審院検事事務取扱を命じられた時は、三一歳の働きざかりであった。

この武富検事は、宿直の晩、近くの鳥屋で酒を飲み、二階から立ち小便をして調べにきた巡査をなぐって問題となり、懲戒処分を受けたこともあるという。まさに暴力検事であった。

そして武富検事の取り調べは、証拠を発見し、それを突きつけるのではなく、断片的な証拠をもとに一定の物語りを想定し、自白を強要するという方法であった。

須賀子は大逆事件で、武富の訊問を受けた。だが須賀子は赤旗事件でも、すでに彼の訊問を受けていたのだ。一九一〇年（明治四三年）六月二日の「東京地方裁判所検事局にて管野スガの申立」から須賀子の発言を見てみよう。

赤旗事件の時貴殿の取り調べを受け（中略）公判における論告は辛辣というか峻酷というか、実に無念の歯をかみならし、悲憤の涙を絞りました。（中略）もし革命運動を起こすときには、第一に貴官に爆裂弾を投げつけようと思いました。そのときには、法廷での論告が勢い強いように、鮮血が勢いよくほとばしるでありましょう。（中略）

私は裁判官の中で貴官がいちばん憎いのです。その仇敵には何事も申しますまい。

私が今回の事件に関係があるとすれば、むろん死刑ものでありますから、十分覚悟しておりますので、万事包みかくさず申し述べますが、貴官にだけは申しませぬ。

そして須賀子は、裁判所の調所の卓上にあった鉄製の灰皿を引きよせて、武富検事に投げつけようとした。それほどの怒りの激しさであった。「貴官の取り調べには応じない」と断固、供述を拒否したのだ。

政府に対する憎悪、権力に対する徹底的な憎しみを須賀子に植えつけたのは、赤旗事件であり、武富検事であった。赤旗事件で武富検事に出会ったことが、須賀子の人生を方向づけた、といえるのかもしれない。

## 針文字の手紙

須賀子の検事聴取は、六月二日から始まった。武富検事の聴取は、須賀子によって断固拒否された。翌日からは小原直《なおし》検事（一八七七年～一九六七年）に代わったがその検事聴取によって、須賀子はきわめて危険なことが起きていることに気づいた。

そこで彼女は思い切った行動に出る。六月九日、獄中でおそらく縫い針を使い白い紙に穴を開けた「針文字の手紙」を書いたのである。それを、『自由思想』で担当してもらった弁護士、横山勝太郎（一八七七年～一九三一年）に出したのである。

爆弾事件ニテ私外　三名近日死刑ノ宣告ヲ受クベシ
幸徳ノ為メニ何卒御弁ゴヲ願フ　切ニ切ニ
六月九日　彼ハ何モ知ラヌノデス

この針文字の手紙は、須賀子が誰かに頼んで獄外に持ち出し、投函してもらったのではないか、と思われる。愛する秋水を救いたい——その必死の思いが、須賀子に「針文字の手紙」を書かせた。そしてただ一人、検事に対して防戦を続けていたのだ。

実は、針文字の手紙はもう一通送られていた。『東京朝日新聞』記者の杉村楚人冠（一八七二年〜一九四五年）宛である。楚人冠は秋水の古い友人で、須賀子とも知り合いだった。手紙は横山弁護士宛とほぼ同一のもので、なんと二〇〇四年（平成一六年）、楚人冠の遺品を整理していた中で見つかった。「これほど長く極秘に保管されていたとは」と驚きの声が上がった。

現在も我孫子市教育委員会で保管されている針文字の手紙は、白い半紙（ガンピ紙、習字用）で、横約三二・五センチ、縦約二四センチである。一見するとただの半紙。だが光にかざして見ると、針で開けたと思われる無数の小さな穴があり、それが文字になっているのがわかる。複数の針文字の手紙を送った須賀子は、なんとしても秋水を救いたいの一念であったのだろう。

だが六月一三日、第六回予審調書では須賀子は、思いもしない秋水の言葉を聞かされることになる。それは振り返ること二ヶ月前、四月の天野屋から始まっていた。

その頃、須賀子は秋水の爆弾計画への参加はもうあきらめていた。だが、このままでは秋水にまで累がおよんでしまう。ついに須賀子はこう切り出した。

私はどこまでも暗殺計画を実行するつもりだから、夫婦という関係になっておれば、あなたにも迷惑がかかるので、別れたい。

しかし、この別れ話はあくまで表向きのものであった。現に「須賀子の気持ちの揺らぎ」の項でみたように、五月には、恋焦がれている秋水への気持ちが、ほとばしる手紙を何通も書いていた。

だが、秋水は須賀子との離婚後の生活を考えたのだろうか、別れた妻の千代子に手紙を送っていた。「事情があって管野とは手を切ることになった、東京に出てこないか」と復縁を迫っていたのだ。

予審判事の潮《うしお》恒太郎（一八六六年〜一九一九年）は、須賀子の気持ちを動揺させようとしたのだろうか、この秋水の手紙を須賀子に見せた。第六回予審調書の最後には、次のような問答がある。

問　幸徳は其方と離別して、先妻千代を呼戻す様な話は致さなかったか

答　左様な事は聞きませぬ

この時受けた須賀子の衝撃を考えると、痛ましい思いがする。秋水の心が自分から離れていったことを、須賀子は潮判事によって知ることになった。秋水との恋は終わった、と思い知らされた。そして六月一七日、須賀子は「秋水とは絶縁する」という伝言を判事に頼んだ。そしてこの伝言は、七月中旬には秋水に届けられた。

やがて公判廷で、須賀子と秋水は日々顔を合わせるようになる。一二月一八日には、堺利彦の妻、為子にあてて須賀子はこんな手紙を書いている。

日日公判廷で相見る彼が、その態度と陳述中の言葉とによって、私はその心中を察してかえって気の毒に思って居ります。何かのおついでがございましたらどうか私には少しも気兼ねをせぬようにお伝え願います。

私が絶縁の通知を予審判事に頼んだのもその点を察したからでございます。

秋水の主義主張に同調した仲間たちが、大逆事件に巻き込まれて処刑されることに、秋

水は責任を強く感じている。それは、同じ同志の須賀子には痛いほどわかった。同志としての気持ちは同じだが、須賀子と秋水は、もはやすでに遠く隔たった地に立っているのを感じた。

この頃詠んだ須賀子の短歌が、「死出の道艸」に二首記されている。

目は言ひぬ許し給へと　されどわが目は北海の氷にも似し

西東海をへだてし心にて　墳墓《おくつき》に行く　君とわれかな

「やがて、成すべき務めを終えた後、秋水と私は完爾として相抱いて情死をする」――これは須賀子の牟婁新報時代からの夢であった。だが激しい葛藤を繰り返しながらも、ついに須賀子は、この秋水との愛を潔く諦めたのだ。須賀子は一人になった。

## 獄中生活

東京監獄（現在の東京拘置所）に収容された大逆事件の被告は、全員独居房であった。独居房は三畳位の広さで、畳のない板の間。食器を置ける程度の机がおかれていた。明かり取りの窓は外側にあるが、鉄棒がはめられている。廊下側は、出入り口用のドアの他に、横長の「視察口」というのぞき窓がつけられていた。女監は高い板塀の中にあった。その入り口にはいつも女看守がいた。

須賀子は、模範囚であったという。入獄中の須賀子を世話して、お礼に須賀子から小紋の羽織をもらったという女性看守はこう述べている。

あの人はねえ、なんだのかんだのって言われましたが、あたしはエライ人だと思いましたね。女らしく身じまいをキチンとしていました。(中略)獄則をじつによく守りましたね、ええ、模範囚だったのです。よく本を読んで勉強していましたよ。それがあたしたちに判らないフランス語(英語のこと)なのです。死刑とほぼきまっているこの人がなんでこんなに勉強するのだろうとふしぎでしたね。

また、堺利彦・為子夫妻へ出した一月四日の手紙にはこうある。

晦日そばもお雑煮も数の子も喰べました。これで火の気さえあつたら先ず呑気なお正月です。（中略）毛布も貸して貰ひ湯タンポも入れて貰ふのですが、夫でも寒さが身に沁みます。

本を読むのも筆を持つのも寒さと闘ふ片手間の仕事だから中々捗《はか》どりません。殊に少しやりかけた英語なんぞは辞書を持つのが冷たいのでモノにならずにしまゐさうです。

然し、まあせいぜいやりませう。朝に道をきゐて夕に死すとも可なり主義ですから、ブランコ当日まで一字でも多く覚へて置きませう。

須賀子は処刑の日まで、英語の勉強を続けていたのだ。

そして須賀子は弁護士の平出修《しゅう》（後述）に与謝野晶子（一八七八年～一九四二年）の歌集の差し入れを頼んでいる。与謝野晶子は須賀子と同じ大阪生まれであり、須賀子の三歳年上であった。二三歳の晶子が『みだれ髪』を刊行した時、不本意な暮らしの中、新聞記者になりたいと、もがいていた須賀子はちょうど二〇歳であった。彼女は、憧れと羨望の思いで『みだれ髪』を繰り返し読んだのではなかろうか。

獄中からの須賀子の願いを聞いた時、晶子は六人の子供を養い、双子の出産も控え精神的に余裕のない時期であった。晶子は須賀子の願いに応えられなかった。平出は、もともと与謝野鉄幹が主宰する『明星』の同人であった。またその後、雑誌『スバル』を発行していた歌人でもあった。平出は晶子に気遣いしながら、晶子に黙って自身が持っていた短歌集『佐保姫』と『スバル』を須賀子に贈った。須賀子はそのお礼の手紙を一月九日に書いている。

禁止解除後、一二人の人に頼みて待ちこがれ候。御経営のスバル並びに佐保姫御差し入れ被下《くだされ》何より有難く御礼申上候。

晶子女史は鳳を名乗られ候頃より私の大すきな人にて候。紫式部よりも一葉よりも日本の女性中一番すきな人に候。

学なく才なき私は読んで自ら学ぶ程の力は御座なく候へども、只この女天才等一派の人の短詩の前に常に涙多き己れの境遇を忘れ得るの楽しさを味はひ得るのみに候。

## （2）公判と判決

## 検事聴取書・予審調書

須賀子の検事聴取書は、六月二日から一〇月五日まで六回分ある。また、判事による予審調書は、六月三日から一〇月二七日まで一四回分ある。

これらの書類は最後に被告人が署名しているので、供述が正確に記録されているように見える。だが、先に峯尾節堂の獄中手記でみたように、拷問まがいの過酷な取り調べや巧妙な誘導によって作られたものが多い。

秋水は一二月一八日、三人の弁護士にあてて長文の陳弁書を獄中から送っている。その七節には「聞取書及び調書の杜撰」がまとめられている。

私は数十回検事の調べに会いましたが、初め二、三回は聴取書を読み聞かされましたけれど、その後は一切その場で聴取書を作ることもなければ、随って読み聞かせるなどということもありません。

その後予審廷に於てときどき、検事の聴取書にはこう書いてあると言われたのを聞くと、殆ど私の申立と違っています。大抵、検事がこうであろうと言った言葉が、私の申立として記されてあるのです。
　多数の被告についてもみな同様であったろうと思います。

秋水の言葉にもあるように、検事聴取書・予審調書をもとに事件を再構成するのは、政府の描いた構図にそのまま陥る危険性がある。それを常に心しなければならない。

須賀子は、爆弾事件への秋水の関与は「知らぬ」「存ぜぬ」と拒否し続けてきた。だが、六月九日に針文字の手紙を送ることができた、一〇日以降は「すべてを話します」といって自供を始めている。六月一〇日の第五回予審調書にはこう記されている。

問　幸徳伝次郎の本件に関係せる点に付、新村忠雄は詳細に事実の申立を為したが、尚其方は幸徳は本件に関係ないと言うのか。

答　実は幸徳は最初には関係しましたが、中途より意思が変更して居りますから、同人を本件より除きたいと思い居りました。然るに新村忠雄が既に事実を申立たとすれば、私が幸徳を庇護するのは却って不都合ですから、御尋ねに従って事実を陳べます。

須賀子の第一三回の予審調書（一〇月一七日）を見てみよう。この回も担当したのは、潮判事である。それは、一九〇八年（明治四一年）一二月の平民社（巣鴨）でのことだ。

問　其際、幸徳は宮下太吉が爆裂弾を造って、元首を斃《たお》す計画をして居る。愈《いよいよ》事を挙げる時は、紀州にも熊本にも決死の士が出来るであろうと、申したのではないか。

答　宮下という人が爆裂弾を造って、元首を斃す計画をして居る、又、事を挙げる時は紀州にも熊本にも決死の士が出来るであろうと申しました。

これは、明科爆弾事件に紀州や熊本の人々を結びつける構図となっている。『牟婁新報』で共に論陣を張った大石誠之助をはじめ、紀州の人々を巻込むようなことを、須賀子が供述するだろうか。全く同じ言葉を繰り返す文面からも捏造が疑われる。

秋水は同日、第一三回の予審調書で同じ質問に「どうも記憶がありません」とかわしている。

また、調書に見られる「決死の士」という言葉にも疑問がある。

坂本清馬は、新村忠雄の前に秋水のもとで書生をしていた。一九〇九年（明治四二年）の一月、坂本は須賀子と一緒に町へ出た。平民社に帰ってきた時、秋水はそのことについて文句をいった。坂本は須賀子のことを、姉か母のように思っていたのだろう。それを少し妬いたのか、秋水が叱りつけたのだ。これがキッカケとなり、坂本は「貴様とおれとどちらが革命をやるか競争しよう」と宣言して、全国放浪の旅に出たのだ。

だが、これが裁判では「秋水の命令を受けて、決死の士五〇人の募集のため全国を遊説してまわった」とされた。

坂本は大逆事件で死刑判決を受けたが、特赦で無期懲役となり、一九三四年（昭和九年）に仮出所した。そしてその後、自伝『大逆事件を生きる』を書いているが、取り調べについてこう述べている。

これは予審の時のことであったが、潮予審判事の読み聞かせの時、私は「私の言った通りに書いてないから、書き直してくれ」といった。（中略）

ところが今になって見ると、書き直した分の中にも「暴力革命」「決死の士」という言葉が出ている。私だけでなく、幸徳秋水にしても「暴力革命」という言葉を使ったことはない。

だがそれにもかかわらず、そして私の請求にもかかわらず、記録に「暴力革命」「決死の士」という言葉が出ているのは不思議なことである。

秋水も口にしたことがない「決死の士」という言葉を使って、自分たち五人の爆弾事件に紀州や熊本の人々を巻き込む供述を、須賀子がしたことになってしまっている。たとえ、坂本などのように、書き直しを請求したとしても、それは叶えられまい。これが、この大逆事件の裁判なのである。この裁判の本質を見抜いた須賀子は、「死出の道艸」の中で、こういい切っている。

今回の事件は無政府主義者の陰謀というよりも、寧《むし》ろ検事の手によって作られた陰謀という方が適当である。公判廷にあらわれた七三条の内容は、真相は驚くばかり馬鹿げたもので、其外観と実質の伴わない事、譬《たと》えば軽焼煎餅か三文文士の小説見た様なものであった。検事の所謂幸徳直轄の下の陰謀予備、即ち幸徳、宮下、新村、古河、私、と此の五人の陰謀の外は、総て煙の様な過去の座談を、強いて此の事件に結びつけて了ったのである。

## 公判開始

一九一〇年（明治四三年）一二月一〇日、大審院で公判が開始された。霞が関にある大審院の赤煉瓦の建物の内外は、五〇名の憲兵と三〇〇名の警察官がものものしく警戒にあたっていた。一〇〇名をこす傍聴人は、厳重な身体検査を受けた。九時四〇分、幸徳秋水ら二六名の被告が着席した。須賀子は、銀杏がえしに紫紺《しこん》色紋羽二重《はぶたえ》の羽織に、えび茶色めいせん矢がすりの綿入れを着ていた。

鶴《つる》丈一郎（一八五八年～一九二六年）裁判長は、氏名を点呼しただけで、「本件事実審理の公開は、安寧秩序に害があるから、公開を停止する。今後の続行裁判も公開しない」と宣言して、傍聴人と新聞記者を廷外に追い出してしまった。

法廷の扉は閉ざされ、国民の傍聴は完全に遮断された。ものものしい憲兵と警察官による警戒は、大逆事件の真実を知ろうとする国民に威圧と禁断を加えていた。

裁判は証人も傍聴人もなく、数回休んだだけで、日曜日も開廷、一二月二四日まで連日続いた。官選の弁護人の一人であった今村力三郎（一八六六年～一九五四年）弁護士は、「芻言《すうげん》」と「公判ノート」の中でこう述べている。

ことに裁判所が審理を急ぐこと、奔馬のごとく一の証人すらこれを許さざりしは、予の最も遺憾としたる所なり。

裁判長の摘読（かいつまんで読むこと）は、悉《ことごと》く被告事件に不利益の点のみに限られ、被告に利益な部分は少しも摘読せず。

斯《かく》の如くんば陪席判事に果たして如何なる心証を与うべきや。不利益測るべからず。之に処する如何。

一二月二二日には、秋水の供述があった。秋水がふるう熱弁に、法廷はシーンと静まりかえった。

検事・予審判事は、まず私の話に「暴力革命」という名目を付し、「決死の士」などというむずかしい熟語を案出し、「無政府主義の革命は、皇室をなくすことである。故に、これにくみせる者は、大逆罪をおこなわんとした者にちがいない」という三段論法でせめつけられたものと思われます。

そして、平生直接行動、革命運動などということを話したことが、彼らを累しているというに至っては、実に気の毒に考えられます。

秋水の供述は、無実の多数被告を罪におとしいれた検事・予審判事の乱暴な三段論法のカラクリを暴いた。

一二月二四日、裁判長はすべての取調べが終了した時、被告人に最後の陳述を許している。須賀子は立ち上がって、思いの丈を絞りだした。大逆事件の弁護をした平出修は、のちに「逆徒」という小説を書いた。「逆徒」には、懸命に陳述した須賀子の言葉がこう再現されている。

私は一つお願いがあります。

私はもう覚悟しています。此計画を企てた最初から覚悟していています。どんな重い罪科になってもちっとも不満はありません。けれども私以外の多数の人々です。この人達は私共と何の関係もありません。（中略）

ほんの四人っ切りの企です。四人っ切りの犯罪です。それを沢山の連累者があるかの様に、検事廷でも、予審でもお調べなされました。それは、全く誤解です。その誤

解の為、どれ丈け多数の方々が苦しみましたか、貴方ももう御存じでいらっしゃいます。（中略）
私共がこんな計画を企てたばっかりに、罪のない人が殺される。そんな、不都合な結果を見るようになりますと、私は……。私は……死んでも……死にきれません……。

法廷の中の須賀子の声は、だんだんに涙がまじって途切れてしまった。
しかし鶴裁判長は被告の訊問が終わると、今村弁護士が先に述べているように、証人申請をすべて却下し事実調べを終わらせてしまった。
一二月二五日は、検事論告であった。まず、平沼騏一郎検事がこう論告した。

被告人は無政府共産主義者にして、其信念を遂行する為に大逆罪を謀《はか》る。
動機は信念なり。

平沼検事は「動機は信念なり」として、罪因を無政府主義にもとめて、犯罪事実から離れた思想裁判を目的としていた。犯罪事実の立証ではなく、論理上の一方的な追求をおこなっていた。幸徳秋水の反論をしりぞけて、「暴力革命」「決死の士」の言葉をおしこみ、明科爆弾事件に紀州、熊本の人々を強引に結び付けたのだ。全国バラバラの被告を一本化して、刑法七三条違反「大逆罪陰謀」とするための、筋立てである。

そして最後に、病気から回復した松室検事総長が二六名全員に死刑を求刑した。

一二月二七日、二八日、二九日は、一一名の弁護人の弁論があった。その中には、若き平出修も入っていた。

## 平出修

平出修（一八七八年〜一九一四年）は、法律の知識のほかに、思想を解し文学を愛するという新しいタイプの弁護士であった。『明星』に短歌を発表し、与謝野鉄幹・晶子夫妻に信頼された。『明星』の終刊後は、『スバル』を自宅から発行する歌人であり、文芸評論家でもあった。

平出は崎久保誓一と高木顕明の弁護を引き受けていたが、一二月二八日、平沼論告に真正面から挑んだ。

「このように大切な御議論としては、平沼検事の立場には一つの大なる欠点がある。それは平沼検事は、無政府主義が、時と処《ところ》と人により、其説き方、其運動方法が一様でないという無政府主義の歴史を閑却《かんきゃく》（なおざりにすること）せられた、その事である」

平出は、専制国のロシア、自由国のイギリス、議会政策のドイツで、それぞれ発達した無政府主義の相違をとり上げた。さらに日本での思想変遷の歴史を振り返り、外国から伝来した仏教思想、キリスト教思想が迫害を受けながら、次第に定着したプロセスをあきらかにした。

「元来新思想というものは、在来思想で満足できぬ時に、その欠陥を補うべく入り込んでくるのであるから、（中略）新しい思想というものは、之を在来の思想から見れば常に危険であらねばならぬ」

「新思想は旧思想に対する反抗、破壊である。どちらが勝つかは、どちらの思想が人間本然の性情に適合するかによるのである」

そして平沼検事の「無政府主義は暴力を手段とする危険な思想である」という論を批判した。無政府主義の思想自体に危険はないと述べ、さらに、社会主義・無政府主義に対する政府の異常な抑圧の現状に対して、人間にある程度以上の取り締まりを加えると反抗の方法に違いはあっても反抗を起こすものだと述べた。

さらに「大逆事件は、無政府主義の信念の実行」だとした平沼検事に対して、大多数の被告について、詳細に反論した。そしてこう断言した。

「彼らには無政府主義の本質がわからず、したがって主義に対する信念もなく、信念実行の意思がない以上は、本件の動機をもって検事のごとく見るのは甚だしい誤りである」

平出は、「無政府主義者がその信念を遂行するために大逆事件をおこした」という、大逆事件の起訴の土台を崩そうとしたのだ。

後に大逆事件の再審請求に尽力した森長英三郎（一九〇六年～一九八三年）弁護士は、平出の弁論についてこういっている。

平出は、実に情緒の豊かな人で縦横無尽に検察側を非難し猛省を促して、被告を護った。平出の適確痛烈な論駁は、当の高木・崎久保ばかりでなく、被告全員に勇気と希望をあたえた。

多くの被告が平出の弁論に感銘し、感謝の手紙を獄中から送っている。須賀子も次の手紙を平出に書いている。

御弁論を承はり、あまりの嬉しさに一筆御礼申上げんと（中略）只一人目に立つ御若き方の御熱心さ、同時に又如何なる御論の出づべきやなど、ひそかに存じ居り候ひしに、力ある御論、殊に私の耳には千万言の法律論にもまして嬉しき思想論を承はり、余りの嬉しさに、仮監に帰りて直ちに没交渉の看守の人に御噂致し候程にて候。（中略）御高論を承り候て、全く日頃の胸の蟠《わだかま》り一時に晴れたる心地致し申し候、改めて厚く厚く御礼申上候。

## 判決

一九一一年（明治四四年）一月一八日、大審院で判決公判が開かれた。事実審理の公判は公開されなかったが、さすがに判決のいい渡しは公開された。大審院の特別法廷にあてられた第一号大法廷は、超満員であった。傍聴席に入りきれず、ドアの外から廊下にまで人があふれだしていた。

須賀子は「死出の道艸」で、こう記している。

死刑は元より覚悟の私、只二五人の相被告中幾人を助け得られ様かと、夫のみ日夜案じ暮らした体を、檻車に運ばれたのは正午前、薄日さす都の道筋に、帯剣の人が厳かに警戒せる様が、檻車の窓越しに見えるのも、何となう此裁判の結果を語つて居る様に案じられるので、私は午後一時の開廷を一刻千秋の思ひで待つた。

「二五人」とは、自分を除く全被告である。

午後一時五分頃、看守にまもられた編笠すがたの被告たちが法廷に入ってきた。須賀子は、銀杏がえしの髪に紫の矢がすり、それに納戸色の紋羽二重の羽織を重ねていた。

「死出の道艸」には、こうある。

時は来た。二階へ上り三階を通り、再び二階へ降つて大審院の法廷へ入るまでの道すがらは勿論のこと、法廷内の警戒も亦、公判中倍する厳重さであつた。其上弁護士、新聞記者はじめ傍聴人等がヒシヒシと詰めかけて、流石の大法廷も人をもつて埋まるの感があつた。

二六名の被告は、四列にわかれて着席した。被告と被告の間には担当の看守がわりこみ、大法廷の内部にまで、三〇人を超える警官隊が配置されていた。このような異例の処置は、裁判と判決にいっさいの異議も許さない、という天皇制警察国家の強権を如実に現してい た。やがて鶴裁判長が正面左側の扉から現れた。書記官が被告の姓名を読み終わると、鶴裁判長は主文を後回しにして、長い判決理由を先に朗読した。いくたびかコップの水で喉をうるおしながら、五〇分近くかけての朗読であった。普通は主文から入るが、理由を先にする時には死刑判決であることが多い。

「死出の道艸」には、須賀子の不安とそして激情が刻み込まれている。

　読む程に聞く程に、無罪と信じて居た者まで、強ゐて七三条に結びつけようとする、無法極まる牽強附会《こじつけ》が、益々甚だしく成つて来るので、私の不安は海嘯《つなみ》の様に刻々に胸の内に広がつて行くのであつたが、夫でも刑の適用に進むまでハ、若しやに惹かされて一人でも、成る可く軽く済みます様にと、夫ばかり祈つて居たが、噫、終に……万事休す矣《や》。新田の十一年、新村善平衛の八年を除く他の二四人は凡て悉く之死刑！

（中略）

　今此判決を聞くと同時に、余りの意外と憤怒の激情に、私の満身の血は𠴃と火の様に燃へた。弱い肉はブルブルと慄へた。

噫、気の毒なる友よ、同志よ。彼等の大半は私共五、六人の為に、此不幸な巻添にせられたのである。私達と交際して居つたが為に、此驚く可き犠牲に供されたのである。無政府主義者であつたが為に、図らず死の淵に投込まれたのである。


薄暗い法廷のまん中で、須賀子の全身は紅蓮の炎と化した。

死刑宣告の主文が終わると、裁判長はほとんど逃げるように椅子を立って、法廷の外へ姿を消してしまった。法廷には、重苦しい沈黙と静寂だけがあった。

突然、編笠が須賀子の頭に載せられた。入廷の逆順に須賀子が第一に退廷させられるのである。須賀子は立ち上がった。

『ああ、我が友、再び相見る機会のない我が友、同じ絞首台に上《のぼ》される我が友、中には私達を恨んで居る人も有ろう。然し兎にも角にも、相被告として法廷に並んだ我が友である。さらば、二五人の人々よ。さらば二五人の犠牲者よ、さらば！』

そして須賀子は、すきとおった声で、こう叫んだ。

「皆さん左様なら」

太い声が、須賀子の背に返された。

「左様なら……」

「左様なら……」

須賀子が法廷を五、六歩出ると秋水があの、人を刺す様な声で突然「無政府党万歳」と叫んだ。ほとんどの被告も総立ちになって、「万歳」「万歳」を繰り返した。

やがて、須賀子を乗せた檻車は夕日を斜めに受けて、永久に踏むことの無い都の町を市ヶ谷へ走った。

終に来ぬ　運命の神の黒き征矢《そや》
　わが額《ぬか》に立つ日は終に来ぬ

## （3）百年後の君へ

### 死出の道艸

須賀子は死刑宣告を受けた一月一八日の夜から、いっさい動転せずに獄中手記「死出の道艸」を書きはじめた。それは、処刑の前日まで続いた。わずか七日の間の日記であるが、眦《まなじり》を決するような思いで書きつづられたこの文章は、数多い獄中手記の中でも最高傑作といえるだろう。また、死刑宣告を受けながらも、なお未来志向の文章で、強靱な須賀子の精神力に驚嘆させられる。

この「死出の道艸」は、戦後、奇跡的に救出されている。

一九四五年（昭和二〇年）八月、連合国の本土占領を前に、司法省では機密書類の焼却が急がれた。司法省の構内で、焼却作業を命じられた平役人が、火をつけた書類の山のあいだに、幸徳秋水、管野須賀子、大石誠之助らの署名のある古ぼけた書類を見つけて、こっそり自宅に持ち帰ったという。

その後、雑誌『真相』を発行していた人民社の佐和慶太郎のもとに、身元のわからない怪しげな二人の男によって、書類の束が持ち込まれた。佐和は文書保護の意味合いもあってそれを買い取っていた。

これが一九四七年（昭和二二年）歴史研究家、神崎清の手に渡ったのである。

「死出の道艸」は、青線を引いた和罫紙六一枚とじで、毛筆で墨書きされていた。表紙一枚、序が一枚、本文四一枚で、のこり一八枚は白紙のままであった。鉛筆で「堺（利彦）へ下附願い」と書き入れられていたが、遂に堺の手に渡ることはなかった。だが、その三六年後、奇跡的に発見され蘇ったのである。

須賀子は、冒頭の「序」でこう記している。

死刑の宣告を受けし今日より絞首台に上るまでの己を飾らず偽らず自ら欺かず
極めて卒直に記し置かんとするものなれ

「死出の道艸」の中に、「秋水」の文字は一切ない。六月に千代子にあてた手紙を見た日を限りに、須賀子の心の中から、秋水への気持ちは消えていた。

だが一月二一日、須賀子は懐かしい人の名前を聞くことになる。面会にきてくれた堺利彦によると、寒村が「秋良屋」にいるという。

「秋良屋」――それは、『毎日電報』を休職し、二ヶ月ほど病気の療養をしていた房州の宿だ。すでに須賀子と寒村は絶縁していたのだが、そこに「大阪から弟が来た」と嘘までついて、寒村が須賀子に会いにきたのだ。そして二〇日間ほど、昔のように睦まじい日々を過ごした宿だ。

秋良屋に今寒村が滞在して居る。室も屹度《きつと》あの部屋で有う。あの南椽の暖かい障子の前に机を置いて、例の僻の爪を噛みながら、書いたり読んだりして居るので有う。

（中略）

去年私が湯河原に滞在中、罵詈雑言の歌の葉書を寄越した時も、又私が上京後、彼がピストルを懐ろにして湯河原へ行つた事を知つた時も、其後彼が幸徳に決闘状を送つた事を検事局で聞いた時も、私は心の中でひそかに彼の為めに泣いて居た。

然し世は、塞翁が馬の何が幸ひになる事やら。彼は私と別れて居たが為に、今日、無事に学びも遊びも出来るのである。万一私と縁を絶つて居なかつたら、恐らくは〔今頃は〕、同じ絞首台に迎へられるの運命に陥つて居た事で有う。

私は衷心《ちゅうしん》から前途多望な彼の為に健康を祈り、且つ彼の自重自愛せん事を願ふ。

同じ日、面会に行く前には、裁判についての須賀子の鋭い文章が書かれている。先だって「検事聴取書・予審調書」の項でもみたが、この裁判の本質を須賀子は鋭く喝破している。また、裁判官については、次のように裁断している。

憐れむべき裁判官よ、汝等は己れの地位を保たんが為に、単に己れの地位を保たんが為に、己れの地位を安全ならしめんが為に、不法と知りつつ無法と知りつつ、心にも無い判決を下すの止むを得なかつたので有う。

憐れむべき裁判官よ、政府の奴隷よ、私は汝等を憤るよりも、寧ろ汝等を憐れんでやるのである。

## まあさんへ

「死出の道艸」の中のいくつかの文章はすでに見てきたが、堺利彦の娘、七歳の真柄《まがら》について書かれた文章は、須賀子の新たな一面を私たちに見せてくれる。烈しかった彼女であるが、その内奥には温かな水脈が湛えられていたのだ。一月二三日、五通の手紙が須賀子に来たが、中でも真柄からの葉書を大切に慈しんでいる。

真あさんのは美しい草花の絵はがきに、

私に何だかくださいますさうでありがとうございます、サヨナラ

と鉛筆で書いてある。可愛いこと。色の白い眼の大きい可愛い姿が見へる様だ。何といふ可愛い人だらう。

翌二四日、須賀子はまあ坊（真柄）に手紙を書いている。

まあさん、うつくしいゑはがきをありがとう、よくごべんきょうができるとみへて大そう字《じ》がうまくなりましたね、かんしんしましたよ。まあさんに上げるハヲリはね、お母さんにヒフ（被布）にでもしてもらつてきて下さい。

それからね、おばさんのニモツの中にあるにんぎょーやきれーなハコや、かわいいヒキダシのハコをみなまあさんにあげます、お父さんかお母さんに出《だ》してもらつて下さい。

一どまあさんのかあいいかほがみたいことね、　さよなら

難しそうな漢字には、やさしく読みがなが添えてある。

この手紙は、須賀子の絶筆となった。翌二五日には、須賀子は処刑されるのである。

一月二三日、須賀子は田中一雄教務所長より、一二名が特赦により無期懲役に減刑されたことを知る。判決の翌日一九日には、死刑判決の被告人二四名中、坂本、高木、峯尾、崎久保、成石（勘三郎）、佐々木、飛松、武田、岡本、三浦、岡林、小松の一二名が特赦により無期となっていたのだ。

あの無法な判決だもの、其位の事は当然だと思ふが、何にしてもまあ嬉しい事である。（中略）一旦ひどい宣告を下して置いて、特に陛下の思召によつてと言ふやうな勿体ぶつた減刑をする――国民に対し外国に対し、恩赦並び見せるといふ、抜目のないやり方ハ、感心と言はうか狡猾と云はうか、然しまあ何は兎もあれ、同志の生命が助かつたのは有難い。

遡って一月一九日、須賀子は沼波政憲教誨師《きょうかいし》より「宗教上の慰安を得よ」と勧められている。その時、須賀子は「私には私だけの覚悟があり、慰安がある」と答えている。須賀子は次のような歌を詠んでいる。

限りなき時と空との　ただ中に
　　小さきものの　何を争ふ

須賀子は今、仏教でもないキリスト教でもない、彼女独自の直観で、「大いなるもの」を感得したのだ。「大いなるもの」を感得した須賀子は、覚悟を決めることができた。

千仞の崖と知りつつ　急ぎ行く
　　一すじ道を振りも返らで

やがて来む　終の日思ひ　限りなき
　　生命を思ひ　ほほ笑みて居ぬ

覚悟を決めた須賀子は、「大いなるもの」のために、自らは「犠牲」となる。

我等は畢竟《ひつきよう》此世界の大思潮、大潮流に先駆けて汪洋《おうよう》たる大海に船出し、不幸にして暗礁に破れたに外ならない。然し乍らこの犠牲は、何人かの必ずや踏まなければならない階梯である。

波船、難船、其数を重ねて初めて新航路は完全に開かれるのである。理想の彼岸に達し得るのである。（中略）夫を思へば我等数人の犠牲位は物の数でない（と思ふ）……。

須賀子が感得した「大いなるもの」とは、何だろうか。それは、やがて来る理想の社会、社会主義思想とその革命への「夢」であったのだろう。そして、彼女は自らにこういい聞かしている。

私は、我々の今回の犠牲は決して無益ではない、必ず何等かの意義ある事を確信して居るのである。故に私は絞首台上最後の瞬間までも、己れの死の如何に貴重なるかという自尊の念と、兎にも角にも主義の犠牲になつたといふ美くしい慰安の念に包まれて、些かの不安、煩悶なく、大往生が遂げられるで有ろうと信じて居る。

覚悟を敢然と決めた須賀子であったが、それでも、最後の面会を終えた一月二二日には、自分自身の心の揺らぎを、真正面から見つめることとなる。

前日、大杉栄夫人の保子との別れの握手では、堰《せ》き止めていた涙の堤が切れてしまった。泣き伏した二人は、しばらく離れられなかったのだ。

昨夜は入監以来始めての厭な心地であった。最後の面会といふ一場の悲劇が私の(鋭どい)神経を非常に刺激したからである。去年六月二日に始めて事件の暴露を知つて以来、相当に(精神)修養をしたつもりで居るのに、仮令一晩でもあんな名状しがたい感情に支配せられるとは、私も随分詰まらない人間だ。我乍ら少々愛想がつきる。其様な意久地のない事で何うなる。

然しそこが又、人間の自然で有るかも知れない。(中略)

私は小人である、感情家である、而も極端な感情家である。私は虚偽を憎む、虚飾を悪《にく》む、不自然を悪む。私は泣きもする、笑ひもある。喜びもする、怒りもする。私は私丈の天真を流露して居ればよいのである。人が私を見る価値如何などはどうでもよい。
私は私自身を欺かずに生を終えればよいのである。

## 百年後の君へ

一月二四日は、晴れて寒い日だった。須賀子のもとに紙数一四六枚の判決書が届いた。
針小棒大な判決書を読んだので厭な気持ちになった。
今日は筆を持つ気にならない。

それでも須賀子は、アメリカにいる弟正雄に自分の写真などを形見に送ってくれるよう、堺利彦に依頼の手紙を書いた。そして、先にみた真柄への温かい手紙を書いている。女監にいる須賀子は気づかなかったが、この日、秋水ら一一名の死刑が執行されていた。幸徳秋水、新見卯一郎、奥宮健之、成石平四郎、内山愚童、宮下太吉、森近運平、大石誠之助、新村忠雄、松尾卯一太、古河力作の順番であった。
死刑判決が出てからその執行までは通常では、早くとも三ヶ月前後はかかる。それを政府は、判決からわずか一週間で死刑を執行したのだ。
翌二五日早朝、須賀子は絞首台に登った。紫の紋付羽織をきた須賀子は、頭から黒い頭巾をかぶせられる時、はっきりした声でこう叫んだ。

われ主義に死す。革命万歳！

絶命は午前八時二八分であった。
享年二九歳の須賀子が、最後に詠んだ辞世の句である。

残しゆく　我が二十《はた》とせの玉の緒を
　百《もも》とせのちの　君にささげむ

須賀子が残しゆく「玉の緒」には、自由でみなが幸せに暮らせる理想の社会がつまっているのだ。そしてそれは、「百年後の君」へと捧げられているのだ。
百年後の君とは、私たちのことではないだろうか。

# 第五章　そして、その後

## （1）膨張する野望――平沼騏一郎

### 記録に残された須賀子

須賀子の考え方やその性格を如実に示す記録を残した人物がいる。平沼騏一郎である。平沼は、昭和一七年から一八年にかけて機外会館で講演をおこなっている。機外とは平沼の号であり、機外会館とは平沼の功績を記念して平河町に建設された会館である。講演は『平沼騏一郎回顧録』としてまとめられている。

この講演は二四回おこなわれたが、その第七回は「大逆事件」について、平沼自身が語っている。そしてその最後で、平沼は須賀子の検察批判を取り上げている。

それは、平沼検事の拡大方針を真っ先に忠実に実行しようと意気込んでいた、武富検事の取り調べの時のことである。

取調べの時管野スガ子が武富検事に灰皿を投げつけようとした。後に管野は武富に対して、そんな調べ方をしていてはいけません、私は何度灰皿を投げやうとしたか知れません、そんな調べ方をしてゐると生命を失ひますよと言つた。

## 平沼騏一郎と桂首相

平沼騏一郎（一八六八年〜一九五二年）は、与力の血筋をひく津山藩の士族の家に生まれた。数え年五歳になると、藩の漢学者斉藤淡堂のもとで、漢学を学んだ。また、家庭内では、儒教や敬神思想など伝統的な価値観を学んだ。

やがて平沼は、帝国大学法科大学（後の東京大学法学部）を首席で卒業し、司法省へ入った。司法省からの給付金を受けていたためである。だが平沼は回顧録の中でこう語っている。「当時司法省と云えば、各省の中で一番馬鹿にされていた」

平沼は、検察そして司法省の権限を強化することに精魂を傾けていく。また同時に、自らの権力の維持・強化という私的な利益をも巧みに融合させ、この後、権力を確立していくのだ。

社会主義に寛容であった西園寺内閣が倒れた後、桂太郎（一八四八年〜一九一三年）は第二次桂内閣を組織した。この裏には元老山県有朋（一八三八年～一九二二年）の動きがあった。陸軍の大御所であった山県は、社会主義者の運動を看過することはできなかった。桂内閣はその成立から考えても、なんとしても社会主義を抑え込まねばならなかった。一九一〇年（明治四三年）一二月一〇日、大審院で非公開の特別裁判が開かれた。その時、桂は平沼を呼んでこういった。

「あの事件は大丈夫だろうな」

平沼はこう答えた。

「間違っていたら、私は腹切る」

桂もこういった。

「お前が切るなら俺も切る」

平沼も桂も、この事件で被告全員に「大逆罪――天皇暗殺を謀る」を、適用する覚悟を決めたのだった。

## 須賀子の検察批判と小林検事正

須賀子が灰皿を投げつけようとした、武富検事の取り調べは、断片的な証拠をもとに一定の物語りを想定し、自白を強要するという方法であった。

だが大逆事件の不拡大方針を当初発表した、小林芳郎検事正（一八五七年〜一九三六年）は、新しい近代検察をつくろうとしていた。それは、政府の政治方針にふりまわされる古い検察の体質から抜けだそうとするものだった。そして被告の人権尊重・証拠主義を旗印に、司法権の独立、検察の中立性を目指すものであった。小林検事正のもとには、小原検事・小山検事ら優秀な人材が集まり、新しい近代検察が誕生しようとしていた。

武富検事に灰皿を投げつけようとした須賀子の怒りも、武富の背後の人権を尊重しない古い体質の検察に、向けられていたのだった。

小林検事正の死後公刊された『小林芳郎翁伝』の「大逆事件」の項には、こうある。


大逆事件とは何ぞ。明治四三年五月、長野県大林区署明科製材所の職工宮下太吉、同県の新村忠雄、京都の管野スガ、福井県の古河力作等、此の四人の社会主義者が共謀して、其年の秋に催さるる観兵式当日、爆弾を投じて、恐多くも鳳輦《ほうれん》（天皇の乗り物）を驚し奉らうとしたのである。

小林検事正は、宮下、新村、管野、古河の「四人説」をとっていた。証拠薄弱な秋水は除外されていた。また、須賀子も大審院の最後の陳述で、声を振り絞りこう叫んでいた。

ほんの四人っ切りの企です。四人っ切りの犯罪です。

この『小林芳郎翁伝』にのこる「四人説」は、検事総長起訴の二六名、大審院死刑判決の二四名という被告の水まし構成と、犯罪的なフレームアップに決定的な打撃を与えているのだ。

だが、一九一三年（大正二年）、検察の近代化をはかろうとした小林検事正は、自己の意志に反して大阪控訴院検事長に転任を命じられた。それと対照的に平沼は、一九一二年（大正元年）検事総長となり、検察の全権限を握っていくのだ。

背後に元老山県がひかえる桂首相に、信頼を得た平沼騏一郎であった。平沼は、権力層の利益のため、「四人っ切りの企です」と叫ぶ須賀子の思いを踏みにじり、二六名全員に死刑を求刑するという一大フレームアップ（でっちあげ）をおこなったのだった。

## 平沼騏一郎の狙い

平沼は、大逆事件で検事局の実権を握り、検事総長へと出世の階段を駆け上がっていった。それと同時に、司法部内での検察権力を増大させ、その政治的影響力をも手にしていった。

平沼はきわめて国粋主義的であり、無政府主義や社会主義、共産主義、民主主義といった外来思想を常に危険視していた。彼は思想問題に強硬な対応を取り、また「治安維持法」への先鞭をつけていった。

司法大臣となった平沼は、逓信《ていしん》大臣である犬養毅の要求する「普通選挙」に対しこういった。

それは同意してやるが、共産党の結社を禁ずる法律を出すが賛成するか。

こうして、二年後の一九二五年（大正一四年）、あの悪名高き「治安維持法」が成立したのだ。

平沼は、人権を尊重しない古い検察の体制の上に、社会主義や共産主義、やがては宗教団体や自由主義、政府批判をすべて弾圧・粛正できる法律を成立させたのだ。「治安維持法」は、廃止されるまでの二〇年間に、逮捕者数一〇万人、送検された人七万五六八一人、警察署で虐殺された人九五人の犠牲者を出している。

平沼は一九三九年（昭和一四年）、念願であった総理大臣の座につく。司法官僚出身の官僚系政治家としての生涯を送り、政党・軍閥・官僚閥に並ぶ一大政治勢力として、日本政治のなかに確固たる地歩を築いていく。

彼の生涯の仕事の核となったのが、「思想弾圧」であった。

## 須賀子の思い

須賀子は死の四日前、「死出の道艸」の中で、裁判官に対して、おそらくは検事も含む司法関係者すべてに対して、こう明言している。

身は鉄窓に繋がれても、自由の思想界に翼を拡げて、何者の束縛をも干渉をも受けない我々の眼に映ずる汝等は、実に憐れむべき人間である。

人と生まれて人たる価値の無い、憐れむべき（動物）人間である。
自由なき百年の奴隷的生涯が、果たして幾何の価値があるか？
憐れむべき奴隷よ、憐れむべき裁判官よ。

須賀子の投げる大きな灰皿が、今も平沼に向かって飛び続けていく。

## （2）ヤヌスの苦悩――森鴎外

### 官僚としての鴎外

森鴎外（一八六二年～一九二二年）は、明治・大正期の大作家であり、陸軍軍医としても名高かった。

一九〇六年（明治三九年）、鴎外は日露戦争から凱旋した。戦地では、鴎外は上司であり陸軍軍医総監でもある小池正直《まさなお》との確執をどう解決するかを考え続けていた。鴎外は小池の後のポストを強く意識していたのである。権力の座につくことを嫌わなかったし、昇進や栄転に関心をもち、自己顕示欲の強い鴎外でもあった。

鴎外は時の権力者、山県有朋に急接近し、山県を引き入れた歌会、常磐《ときわ》会を成立させた。そして翌年の一九〇七年（明治四〇年）、小池にかわって陸軍軍医総監となった。高級官僚、森鴎外の誕生である。

## 文学者としての鴎外

常磐会歌会と並行して、鴎外は観潮楼歌会を開いている。観潮楼歌会には、与謝野鉄幹や石川啄木などが参加している。常磐会歌会が伝統的な型を重視しているのに対して、観潮楼歌会では若い啄木などの参加で、のびやかで活気に満ちた雰囲気であった。

そして鴎外は一九〇九年（明治四二年）、与謝野鉄幹らと協力して、雑誌『スバル』を発行した。雑誌の命名は鴎外、発行人は啄木が務めた。この『スバル』を牙城として、鴎外は旺盛な文学活動を展開する。

「ヰタ・セクスアリス」は、主人公の哲学者である金井が、自らの性的体験について哲学的視点から考える小説である。だが、この小説は政府から発売禁止処分を受けた。しかも鴎外は人事を巡って人間関係が軋轢していた、陸軍次官の石本新六から厳しく戒告された。鴎外は官僚としての自分だけでは、心の餓えを感じていた。小説「妄想」の中で、こう独白している。

自分のしている事は、役者が舞台へ出て或る役を勤めているに過ぎないやうに感ぜられる。(中略)舞台監督の鞭《むち》を背中に受けて、役から役を勤め続けている。この役が即ち生だとは考へられない。背後にある物が真の生ではあるまいかと思はれる。

官僚として拘束される世界に生き、文学者として自由を希求して生きたいと願う鴎外であった。鴎外は二つの顔を持ったヤヌス(双面神)のような作家であった。

## 平出修に伝えたもの

須賀子たちの裁判で、平出修は平沼検事の論告に鋭い反論をしている。実は平出は弁論の前に、鴎外から教示を受けている。平出の自宅は『スバル』の発行所となっていた。平出は弁論の前に正確な知識を得たいと考え、与謝野鉄幹に相談し、鴎外のもとを訪ねたのだ。鴎外の末弟、森潤三郎はこう書き残している。

弁護士にして誰一人社会主義と無政府主義との区別さへ、正確に知つた者が無かつた。（中略）

兄はかねて欧州に於ける主義者に関する新旧文献を蒐集し、また新聞雑誌を通して最近の動静をも明確にしていたから、直ぐに代表的文献を書庫から出し、露、伊、独、仏、葡等に於ける両主義者の最近の運動に至るまで、数晩にわたつて語つた。

平出自身も近代思想についての知識はあった。だが鴎外による欧州各国の動静の情報は、平出の弁論に非常な自信を与えた。

啄木の後を受けて『スバル』の発行を続けた江南文三（一八八七年〜一九四六年）は、平出の弁論を聞いた後の、須賀子について次のように記している。

管野スガさんが、大変感心してしまって、うら若き弁護士の理解ある思想と弁論があったので、「死んでもうらみがない」と言った。

須賀子の熱いまなざしの遙か先には、鴎外の大きな影が立っていた。

## 「沈黙の塔」

平出への教示については、鴎外は一切沈黙し証拠を残していない。

鴎外は「永錫会《えいしよく》」にも属していた。「永錫会」は山県が秘密裡に結成した、諮問機関であった。内相や文相をも含む六人のブレーンによる、社会主義思想への対策を練る会だと考えられている。

一九一〇年（明治四三年）一〇月二七日、大逆事件の被告二六名全員の起訴が決定した。その二日後、永錫会のメンバーが山県邸に集まり晩餐を振る舞われている。これは大逆事件への善後策を検討してきた、メンバーに対する慰労の意味があったのではないだろうか。官僚鴎外は、社会主義の抑圧・思想統制をする側の一員として重きをなしていたのである。

この永錫会の活動と並行して、鴎外は小説「沈黙の塔」を書いている。そして大逆事件の公判が始まる直前の一一月、『三田文学』にこの小説を発表した。

パアシイ族が鳥葬の風習のため遺体を安置するという、沈黙の塔。そこに二一、三〇体の死骸が運び込まれる。危険な書物を読む奴《やつ》を内部で殺したという設定だ。これをめぐっての会話があり、やがて主人公の独白の形で、自然主義と社会主義の話が続く。

「芸術の認める価値は、因習を破る処にある。因習の目で芸術を見れば、あらゆる芸術が危険に見える」

「新しい道を歩いて行く人の背後には、必ず反動者の群がいて隙《すき》を窺《うかが》っている。そして或る機会に起《た》って迫害を加える」

鴎外はこの小説で、思想を取り締まる側ではなく、取り締まられる側に立って表現している。これは鴎外の内面の声ではないだろうか。

## 「大塩平八郎」

一九一四年（大正三年）、大逆事件の記憶も風化されはじめた頃、鴎外は「大塩平八郎」を書いた。大塩平八郎については、幕藩体制から明治の天皇制の時代を通じて、否定的な評価が定着していた。鴎外はそんな大塩平八郎という人物を改めて取り上げ、その歴史的な意味合いを考え直そうとした。

鴎外は大逆事件の後、平出を通じて「大逆事件裁判記録」と被告の「獄中消息」一一九通を読んでいる。これらによって鴎外は、大逆事件を内部から見る目を身につけた。そして大塩事件という枠組みを通して、鴎外自身の心理を投影させた作品を書いたのではなかろうか。

大塩事件に際しては、町奉行方は終止なすすべもなかったが、やがて巨大な力を集中してちっぽけな反乱者集団を包囲していく。権力の事大主義である。大逆事件においても、政府は過剰ともいえる反応を見せ、圧倒的な力の行使で相手を粉砕しようとした。

鴎外は権力の中枢にありながらも、政府が社会主義のみならず新思想一般に対して、苛酷な弾圧と取締りを強行するに及んで、不安を抱くようになったのではあるまいか。そして新思想に対する弾圧の中に、あまりにも人間性に反するものを見たのではあるまいか。

この鴎外の内面の声に、重なる叫びがある。政府の苛酷な弾圧により、死刑台を前にした須賀子の言葉である。

「自由の思想界に翼を拡げて、何者の束縛をも干渉をも受けない我々」

この二つの想いは、明治という時代の水底で密やかにだが確かに、併走をしているのではあるまいか。

## 森林太郎として死す

一九二二年（大正一一年）、鴎外は亡くなった。遺言状は「余は岩見人森林太郎として死せんとす」で始まっていた。そして「あらゆる外形的取り扱ひを辞す」「栄典は絶対に取りやめを請ふ」と続いている。

鴎外の遺言には、ある激しさと不満の意がある。咆哮する獅子の怒りの心がある。そして鴎外の枕元にいた看護婦は、次のように記している。

意識が不明になつて、御危篤に陥る一寸前の夜のことでした。枕元に侍していた私は、突然、博士の大きな声に驚かされました。

「馬鹿らしい！　馬鹿らしい！」

そのお声は全く突然で、そして大きく太く高く、それが臨終の床にあるお方の声とは思はれないほど力のこもつた、そして明晰なはつきりとしたお声でした。

官僚として規律を重んじる生き方と、文学者として自由を希求する生き方の、二面の狭間で苦悩した人生であった。二面の狭間で生きた鴎外——だが鴎外は生涯の最後の一瞬に、官僚の衣をぬぎすてたのである。

現在三鷹の禅林寺にある墓には、遺言にしたがって「森林太郎墓」とのみ彫られている。

## （3）伝搬する周波——石川啄木

### 処刑の後

須賀子が処刑された次の日、須賀子に関する書類を深夜、懸命に読む青年がいた。二四歳の石川啄木（一八八六年〜一九一二年）である。啄木の一月二六日の日記にはこうある。

社からかへるとすぐ、前夜の約を履《ふ》んで平出君宅に行き、特別裁判一件書類をよんだ。七千枚十七冊、一冊の厚さ約二寸乃至三寸づつ。十二時までかかつて漸く初二冊とそれから管野すがの分だけ方々拾いよみした。

頭の中を底から掻き乱されたやうな気持ちで帰つた。

啄木は、平出宛の須賀子の獄中書簡も借りて読んでいた。そして、詩集『呼子と口笛』の中で、須賀子らしい女性を追悼している。

また、『一握の砂』の中には、次の歌がある。

五歳になる子に、何故ともなく、ソニアという露西亜名をつけて、呼びてはよろこぶ。

ソニアとは、すでに「杜撰な計画」の項でみた、ロシアの女性革命家ソフィア・ペロフスカヤのことである。須賀子は新村忠雄などからも、よくソニアと対比されていた。

須賀子の鮮やかな死は、啄木の精神の中へ、静かに伝搬していく。

## 明治四三年

明治四三年（一九一〇年）は、啄木にとっても激動の年であった。

六月一日、幸徳秋水が逮捕された。この時、啄木は東京朝日新聞で校正係として働いていた。翌日の二日には、東京地方裁判所検事局から「本件の犯罪に関する一切の事の記事差し止め命令」が出された。

啄木はこれに大きな衝撃をうけ、これは大事件であると記録をとりはじめる。

彼はこの事件が、桂太郎内閣による社会主義者弾圧という権力犯罪ではないか、と気づいていた。だが、当時はこのことに気づいた人は多くはなかった。

八月二九日、韓国併合が強行された。韓国併合が強行されたのも、大逆事件と無関係ではないことを啄木は察知していた。

九月九日の夜、啄木は次のような歌を詠んだ。

明治四十三年の秋　わが心
　ことに真面目になりて　悲しも

この夜詠んだ三九首は、「大逆事件」用ともいうべき「明治四十三年歌稿ノート」に書きつけられた。その中から三四首に凝縮されて、「九月の夜の不平」と題して、若山牧水が主宰する雑誌『創作』の一〇月号に載せられた。

啄木は、翌年一月に書き上げた「日本無政府主義者陰謀事件経過及び付帯現象」の中の八月四日の項に、こう書いている。

文部省は訓令を発して、全国図書館に於いて社会主義に関する書籍を閲覧せしむる事を厳禁したり。(中略)文部省は更に全国各直轄学校長及び各地方長官に対し、全国各種学校教職員若しくは学生、生徒にして社会主義の名を口にする者は、直ちに解職又は放校の処分を為すべき旨内訓を発したりと聞く。

すさまじい思想統制の嵐である。真面目に考えれば考えるほど、この国の現実は悲しくなる、と啄木は歌ったのだ。

## 判決を聞いた日

年が明けた。一九一一年（明治四四年）一月三日、啄木は平出修を訪ねた。平出とは、共に雑誌『スバル』を発行していた、古くからの友人である。「大逆事件」について、人々は非公開裁判と報道管制によって、その情報を知ることができなかった。だが、啄木は友人平出弁護士によって、知ることができたのである。この日平出から、特別裁判の核心部分を聞くことができた。そして、啄木はほとんど全存在を傾けて「大逆事件」を受け止めていくのである。

またこの日、啄木は幸徳秋水の長文の陳弁書を借り出している。その後、三日間かけて陳弁書を筆写した。やがてこれは、『A LETTER FROM PRISON』としてまとめられていく。啄木は処刑される人たちにかわって、同時代の人間がなすべき仕事――「大逆事件」の真実とその思想的背景を営々とまとめていったのだ。これは、非常な勇気を要求される仕事でもあった。だがこれらの仕事は、啄木の生前には活字にならなかったのだ。

一月一八日、「大逆事件」の衝撃的な判決があった。二四人の死刑である。大審院特別裁判は一審のみであったから、もはや上告して争うことなどはできない。裁判は、幸徳秋水らを死刑にするために開かれた、まさに天皇制権力の、単なる「儀式」でしかなかった。

その日の午後二時頃、朝日新聞社の編集室で、啄木はこの知らせを聞いた。ざわめく編集室の中で、「日本は駄目だ」とすぐに家に帰って寝たいと思った、と日記に記している。翌日、一月一九日の日記にはこうある。

朝に枕の上で国民新聞を読んでゐたら俄に涙が出た。「畜生！　駄目だ！」さういふ言葉も我知らず口に出た。

この日の『国民新聞』の記事である。

其極悪大罪、天人共に容れざる所なり。其訊問・判決・処罪等、一々国法の定むる所のものなり。我司法権は、即ち之に依りて其典刑（法による刑罰）を正したり。

## 古びたる鞄をあけて

啄木以外にも、「大逆事件」を取り上げた文学作品はある。既に述べた平出修の「逆徒」や、森鷗外の「沈黙の塔」、沖野岩三郎の「宿命」、永井荷風の「花火」などである。須賀子たちの姿は、明治の人の心の奥底に、強い周波となって響いた。

だがその中でも、「大逆事件」を真正面から受けとめ、危険な道を歩んだ啄木は際立っているといえよう。

しかし啄木は、翌年の一九一二年（明治四五年）四月一三日、大正の声を聴かずに二六歳で永眠することになる。「政府による権力犯罪」の追究は、肺結核の啄木にとって、まさに生命を懸けた仕事であったといえよう。

残された詩集『呼子と口笛』に、「古びたる鞄をあけて」という作品がある。

わが友は、古びたる鞄をあけて、
ほの暗き蝋燭の火影の散らぼへる床に、
いろいろの本を取り出したり。

そは皆この國にて禁じられたるものなりき。
やがて、わが友は一葉の寫眞を探しあてて、
「これなり」とわが手に置くや、
静かにまた窓に凭《よ》りて口笛を吹き出《い》だしたり。
そは美しとにもあらぬ若き女の寫眞なりき。

この美しい女の寫眞には、革命婦人須賀子の像がほのめいて投影されていた。

## 響いてくる周波

暗闇の中、須賀子の針文字の手紙がクローズアップされる。二〇一三年三月公開された、映画『百年の谺《こだま》——大逆事件は生きている』だ。

制作者の千原卓司はこう語る。

事件の犠牲者の紅一点である管野スガを中心にした映画にしようということでいろ

いろ調べた。管野スガを大逆事件の流れの中で再評価してみよう、という狙いで企画を立てていった。

大逆事件とは何だったのか？　国家と司法、国家と人権、国家と私たち……。一〇〇年たった現在もなお、それは、私たちの胸の中に谺のように、重い問として残り続けている。

## （4）真情のバトンタッチ――堺真柄

### まあさん

須賀子は処刑される前日、最後の手紙を書いている。

一どまあさんのかあいいかほがみたいことね

須賀子はこの手紙とともに、紋羽二重の羽織をかたみとして残した。須賀子の最期の想いを受け取った「まあさん」は、この時七歳であった。

まあさん——堺真柄（後に結婚をして近藤真柄）は、一九〇三年（明治三六年）、社会主義者の堺利彦と美知の一人娘として東京に生まれた。

堺はエミール・ゾラの『多産』を抄訳して、『子孫繁昌記』を出版した。牧場の子だくさんの明るい家庭の話だ。その中にやさしくすなおな「マーガレット」という娘が登場する。この娘の名前を日本読みにして「真柄」と名づけた。

父親の堺は、たいそう子煩悩であった。真柄の家には毎年、サンタクロースが来て、カルタや羽子板や、みかんを置いていったという。一般の子どもにはクリスマスなど、いまだ縁のない時代であった。

堺は赤旗事件で入獄している。堺が千葉監獄にいる時に、大逆事件の逮捕が始まった。そして真柄にやさしい手紙をくれた管野須賀子をふくめて、一二人の人たちが処刑された。

真柄は「おいマグロ、お前んとこじゃア、天皇陛下を殺そうとしたんだってなア」と級友にこづかれもした。だが父の愛に包まれ、真柄はすくすくと育っていった。

お正月、近所に日の丸が翻《ひるがえ》るのを見て真柄は「うちにも旗出してよう」とだだをこねた。「よしよし」と早速、父が出してくれたのは、まっかな赤旗だった。

真柄が一二歳の頃のことである。近所の少し大きい男の子から、「あれは社会主義の子だよ」といわれた。真柄は父に「社会主義って何よ」と聞きせがんだ。すると堺は講談本で活躍する人物をあげ、「佐倉宗五郎みたいな人のことだよ」と教えてくれた。真柄は「大いに弱きを助け、強きをくじく」というその心意気に、父をふくめてホレ込むこととなった。

## 赤瀾会のさざなみ

堺の家には、多数の社会主義者が集まってきた。多くの人が堺を慕ったが、それは彼の思想だけでなく、人柄の温かさがそうさせたのであろう。また堺は「売文社」を立ち上げ、窮地の同志に仕事と居場所を与えた。「冬の時代」の社会主義を支えたのである。

堺は教育については放任主義で、ことさら真柄に社会主義をすすめたりはしなかった。

だが真柄は女学校に入ると、手近なところにある社会主義の本を、かたっぱしから自ら読み出した。

そして一九一七年（大正六年）――ロシアで起きた社会主義革命が成功した。「われわれの国ができた」と真柄は熱い血を燃やした。女学校の三年生になっていた。「すべての権力をソビエト（評議会）に」の言葉に、若い情熱をたぎらせた。

女学校を卒業した真柄は、神田神保町のタイピスト学校で英文タイプを習った。そして一時、左翼出版社の叢《そう》文閣に勤めた。翌一九二一年（大正一〇年）は、真柄にとって激動の年となった。

厳寒の二月、社会主義者の妻や娘たちが、夜ふけに何度も集まっていた。身近な肉親の男たちの運動を支援しながら、同時に自らも啓発され目覚めていったのだ。「女性の解放なくして真の解放はあり得ない」と共鳴しての行動であった。

そしてこの集まりは四月、わが国初の女性の社会主義団体「赤瀾会《せきらんかい》」として発足した。会旗には黒地に赤でR・Wと縫いつけられた。「赤いさざなみ」という意味である。

真柄も、世話人の一人として名を連ねた。そして赤瀾会は次のように宣言した。

私どもは、私ども兄弟姉妹を無知と窮乏と隷属に沈淪《ちんりん》せしめたる一切の圧政に対し、断固として反対するものであります。

この宣言を書いたのは、一八歳の真柄であった。

世間はこの会を「赤爛会」と書き、「赤くただれた会」と揶揄したりもした。特に真柄は年少の上に、堺利彦の娘であることで、マスコミの標的にさらされねばならなかった。黒っぽい地味な縞の単衣で、活躍する真柄は人気者だった。六月には、人生で初めて「旗持ちの役」という演説をした。顔見知りの巡査が褒めると、「尾行なんかに褒められたって仕様がねえや」と切り返した。朝日新聞は、「巡査の空世辞にニベもない真柄嬢」と報じた。

真柄自身、「誠に肩をいからせたもの」であったと感じていた。だが当時の社会の女性観と闘っていくには、大変な意志と勇気を振りしぼる必要があったのだ。

## くろがねの窓

日本の第一次世界大戦中からの強引な大陸進出は、アメリカとの対立を深めていた。そして日本は次第に孤立していく。日本が頼りにするのは、強大な軍事力だけであった。

そんな中、一〇月に代々木で陸軍の大演習がおこなわれた。その時、周辺の民家に分宿した兵隊たちに「軍人諸君！　兄弟よ」という反戦文書が郵送された。また、その他「大演習」と書かれてある家の郵便箱に、封筒入りの反戦ビラが配られた。定期刊行物の発行が許されない中で、時の権力への抵抗手段としてはビラ配りしかなかった。

これが「軍隊赤化事件」である。ビラを配った真柄も一一月、出版法違反で検挙されて東京監獄に収監された。女性の思想犯は、大逆事件の管野須賀子以来であった。

この時真柄が着ていたのは、一一年前、須賀子から贈られた羽織だった。紋羽二重の羽織は女学校時代の真柄のよそゆきであった。そして卒業後は紫に染め直され、半コートに仕立て直してあった。真柄はいつもこのコートを愛用していた。

独房は五つしかなかった。真柄は五号の襟番号をつけ五室に入った。須賀子は一室であったという。独居房は三畳位の広さであった。奥には便所があり、形ばかりの衝立てで囲ってある。見上げると、鉄棒がはめられた明かり取りの窓が、高いところにあった。

普通「新入り」は最初の晩は泣き明かすのが相場といわれていた。だが、一八歳の真柄は、崩れ折れそうになる自分と必死に闘っていた。

この同じ東京監獄の独房で、真柄に羽織をくれた須賀子は、一九一〇年（明治四三年）の六月から、翌年処刑される一月末までを過ごしていた。須賀子もこの寒さに耐えていたのだ。真柄は優しかった須賀子の歌を、繰り返し懸命に口ずさんだ。

くろがねの窓にさしいる日の影の
　移るを守り　けふも暮しぬ

須賀子の想いは、東京監獄のこの独房の闇の中で、ひたひたと染みわたるように真柄に伝わってきた。それは、くろがねの窓にさしいる日の光であった。「自由・平等・平和を」と、須賀子がその命を懸けた、希望の光であった。

真柄は正月を獄中で迎え、保釈となって出獄したのは一月九日であった。四十数日間の取調べにおいて、真柄は横づらをひっぱたかれても、一切「知らない」を押し通し、口を割らなかった。

この後真柄は、無産婦人同盟や社会大衆婦人同盟の役員を務めた。女性の活動家として常に第一線に立ち続けた。社会大衆婦人同盟の大会では司会者をつとめている。真柄は「演説はいや、だから司会者になる」と語っていたという。

一九三四年（昭和九年）二月には市川房枝（一八九三年～一九八一年）らと共に、東京の芝公園で開かれた第五回婦選大会に参加している。月刊誌「婦選」はこう記している。

水玉模様のマフラーを肩に泳がせた市川さんの登壇だ。
会場係としてよく働く若い堺さんは人気者。

この時、真柄は三一歳であった。

## みな仲間ですから

翌一九三五年（昭和一〇年）、真柄は赤瀾会時代からの仲間でアナーキストである近藤憲二と結婚をした。二人は結婚にさいして、対等な人間関係をうたった契約書をかわした。そして三児が生まれ、二人の家はいつも仲間の誰かが来ているような合宿所のような温かさがあった。近藤は平凡社で、編集や広告の仕事をした。

戦後、急速な民主化の流れの中で、一九四六年（昭和二一年）に、日本の女性は初めて参政権を行使することができた。その結果、三〇数名の女性代議士が生まれた。

真柄自身も、長いキャリアからいえば代議士になることもできたであろう。だが真柄はあえてどの政党にも属さず、地道な婦人運動を支える道を選んだ。日本婦人有権者同盟に参加し、市川房枝の政界進出を手助けした。市川の私心のない誠実な人柄と鋭い政治感覚に、敬意を抱いていたのだ。真柄の娘の千浪は、長らく市川の秘書をつとめた。

市川の蔭で、真柄は静かに根気強く、若者に対して「希望」を伝えようとした。自らの体験を踏まえて、反戦平和への悲願を語り、運動の中で仲間意識を育てる大切さを、繰り返し文章に綴って訴えている。

娘の千浪はこういう。

「父は几帳面でしたが、母はおうようで写真や資料の整理も悪かった。でも、誰とでもすぐ仲良くなって、ＰＴＡや町会の仕事を楽しそうに引き受けていました」

女性史研究家の大森かおるは、「田中正造の足跡を訪ねる旅」で、当時七四歳になっていた真柄と出会っている。

「年配者にしては大柄などっしりした体格に渋い紬の単衣に細帯をきっちりと矢の字に結んでいた。秀でた眉、人の心を見抜くような深いまなざし、意志の強さを示す角張ったあご」と書きしるしている。

真柄はこう語っている。

「マルクス主義とか何とかいうことではなくて、男女が平等になり、家庭が平和になり、貧乏人がなくなる、それが社会主義だと信じてやってきました」

決して先鋭的ではないが、仲間をそして人間を愛した「ヒューマンな社会主義」を求めての一生であった。

真柄は警察にひっぱられても、他人に対してはいっさい口を割らなかったことで定評があった。不用意に洩らした一言が、他人の生命の危機にさえつながる時代を生きてきたのだ。だが真柄は「みな仲間ですから」と、さらりといってのけた。

戦後も、研究や記録のためにいろいろな人が証言を求めに行っても、かつての仲間をおとしめるような言動はいっさいしなかった。

## 継承していく

一九七二年（昭和四七年）、名古屋に住む西本令子が犬の散歩の途中、草むらで橘宗一の墓碑を発見した。宗一（六歳）は、関東大震災のおり、大杉栄、伊藤野枝とともに憲兵に虐殺された、大杉の妹の子であった。墓碑は宗一の父親、橘惣三郎が事件後ひそかに建立したものであった。墓石の裏には「犬共ニ虐殺サル」と、父親の痛恨と憤怒の言葉が刻まれていた。

この事を知った真柄は、膝が痛むのをおして現地に赴いた。そして宗一の墓に白いフリージアを供えた。「ぐっと胸がつまって口がきけなかった。忘れてはいけないことを忘れ、怠っていた自分を思った」と責めさいなんだ。体制に抗し、またその巻添えにあって、権力によって虐殺された人びとを弔うことが、自分の使命だとあらためて思った。この後、真柄は東奔西走して、墓碑保存の運動をおこなった。

真柄は同世代の仲間の誰よりも、長く生きた。彼女は若くして亡くなった勇気ある仲間たちを思い起こし、銘記し、繰り返し語ることによって継承した。

一九八三年（昭和五八年）、真柄は八〇歳でその生涯を閉じた。葬儀は真柄の人間的な優しさに触れた多くの仲間が集まり、真柄の包容力の大らかさを感じさせるものであった。そして天国にいった真柄は、紋羽二重の羽織を間にはさんで、須賀子と和やかに談笑しているのだろうか。現代のこの日本を、二人はどう観ているのだろうか。

## 未来に向かって

真柄が亡くなって三〇年後の二〇一三年、二つの大きな動きがあった。一つ目は「響いてくる周波」の項で述べた、映画『百年の谺』の公開である。

そして二つ目は同年三月、須賀子の生まれた大阪で、須賀子の名誉を回復しようとする会が結成されたのだ。「管野須賀子を顕彰し名誉回復を求める会」である。そしてその活動の一つとして「管野須賀子研究会」が生まれた。

二〇一七年三月には、須賀子の生家のあった絹笠町——現在の西天満二丁目に、須賀子の「顕彰碑」を建てる準備が始まった。

対岸はビジネス街の中之島。今日も多くの人びとが行き交っている。平成の治安維持法ともいわれる「共謀罪」法が、登場したこの現代の日本。須賀子の「自由の思想に翼を！」の強靭な願いが、未来に向かって、ここから放射されるであろう。

# おわりに

雨にけむる新宿を歩く。山手線新宿駅の南口を出て、甲州街道を西へ向かう。

二〇一七年初夏、私は管野須賀子の墓を訪ねようとしていた。高層ビルをいくつも右手に見ながら二〇分近く行くと、正面に首都高速の道路が見えてきた。

その手前が、正春寺だ。

新宿の喧噪の中、ここだけに静謐な時が流れている。

本堂の裏手に小さな墓地があり、その中程に須賀子の遺骸が埋葬されたという。須賀子は希望通り、妹ヒデの遺骨とともに埋められた。当初は土饅頭の上に、目印の古い石の地蔵が横たえられていた。その後は、板の墓標があるだけだった。当時の住職によれば、警察は須賀子の墓に参る同志を、常に見張っており逮捕していったという。

その墓標も朽ちた死後六〇年目の一九七一年（昭和四六年）――ようやく須賀子の記念碑が、「大逆事件の真実をあきらかにする会」によって、建てられた。

記念碑は、二尺五寸（約八〇センチ）の青目玉石である。雨に濡れた緑の模様が、心にしみる。私は傘をさしながら、そっとかがんでみた。なぜだか、懐かしい匂いがした。

私の足元から、何かが湧き上がってくるようだった。

須賀子が感じた怒りのマグマが、私の体中に充満してくるのだ。

私も、キッと目を上げ、立ち上がりたい。

そして向かい風を受け、走り出すのだ。

「自由を！」――須賀子の願いは、私の願いとなる。

雨が、止んできた。ビルの谷間に陽の光が差し込む。もう一度、石碑に向かいあってみた。碑の正面には、堺真柄も好きだった須賀子の獄中の歌が刻まれていた。

くろがねの窓にさしいる日の影の
　移るを守り　けふも暮しぬ

背面の文字は、荒畑寒村の手によるものであった。

寒村は『自伝』の中で、須賀子の死後、こう述べている。

私は彼女を愛していただけに、それだけ一時は烈しく憎みもしたが、今となっては彼女の数奇な運命を哀しみ、悲惨な最期を悼《いた》むの情にたえない。

そして記念碑には、寒村の手によって次の言葉が刻まれていた。

革命の先駆者　管野スガ　ここにねむる

（完）

編集部註／作品中に一部差別用語とされている表現が含まれていますが、作品の舞台となる時代を忠実に描写するために敢えて使用しております。

# 参考文献

## 第一章


『管野須賀子全集』一～三　清水卯之助編　弘隆社　一九八四
『管野スガと石上露子』大石渡　東方出版　一九八九
『管野須賀子の生涯――記者・クリスチャン・革命家』清水卯之助　和泉選書　二〇〇二
『管野すが――平民社の婦人革命家像』絲屋寿雄　岩波新書　一九七〇
『管野須賀子と大逆事件――自由・平等・平和を求めた人びと』管野須賀子研究会編　せせらぎ出版　二〇一六
『管野スガ再考――婦人矯風会から大逆事件へ』関口すみ子　白澤社　二〇一四
『飾らず、偽らず、欺かず――管野須賀子と伊藤野枝』田中伸尚　岩波書店　二〇一六
『女のくせに――草分けの女性新聞記者たち』江刺昭子　一九九七年　イザラ書房

『近代新潟におけるプロテスタント』本井康博　思文閣出版　二〇〇六
『平民社時代』荒畑寒村　中央公論　一九七三
『山川均自伝』山川均　岩波書店　一九六二
『明治社会主義資料集』明治文献資料刊行会　一九六二

## 第二章

『実録　柴庵小史』毛利知一　一九八四
『毛利柴庵――ある社会主義仏教者の半生』佐藤任　山喜房仏書林　一九七八
「新仏教徒・毛利柴庵の思想と行動」竹内善信『同志社法学』三七巻五号　一九八六
『牟婁新報・創刊号　全紙写刻』池田千尋　カンコー印刷工房　一九八九
『牟婁新報・復刻版』第六巻　不二出版　二〇〇二
『紀南雑考』杉中浩一郎　中央公論事業出版　一九八一
『パンとペン―社会主義者・堺利彦と「売文社」の闘い』黒岩比佐子　講談社　二〇一〇
『熊野・新宮の「大逆事件」前後――大石誠之助の言論とその周辺』辻本雄一
論創社　二〇一四

『大逆事件と大石誠之助―熊野一〇〇年の目覚め』熊野新聞社編　現代書館　二〇一一
『寒村自伝』上巻　荒畑寒村　岩波文庫　一九七五
『荒畑寒村著作集』第一巻　荒畑寒村　平凡社　一九七六
『平民社時代』荒畑寒村　中央公論　一九七三
『娼妓たちの目覚め――明治末期の自由廃業運動』下八十五　幻冬舎ルネッサンス　二〇一四
『木下尚江全集』第一三巻　木下尚江　教文館　一九九六
『生きるこだま』岡部伊都子　岩波書店　一九九二
「外務省所蔵の内務省文書について」佐々博雄『人文学会紀要』一九九八　六号
『幸徳秋水全集』第六巻　幸徳秋水　明治文献　一九六八
『幸徳秋水全集』第九巻　幸徳秋水　明治文献　一九六八
『烈しい生と美しい死を』瀬戸内寂聴　新潮社　二〇一二
『大杉栄自叙伝』大杉栄　土曜社　二〇一一
『資料　平民社の女たち』鈴木裕子編　不二出版　一九八六
『革命伝説　大逆事件』一〜四　神崎清　子どもの未来社　二〇一〇
『明治ニュース事典』第八巻　明治ニュース事典編纂委員会編
毎日コミュニケーションズ　一九八六

## 第三章

『幸徳秋水――明治社会主義の一等星』坂本武人　清水書院　一九八四
『幸徳秋水の思想と大逆事件』大原慧　青木書店　一九七七
『幸徳秋水』塩田庄兵衛　新日本出版社　一九九三
『木下尚江全集』第一一巻　木下尚江　教文館　一九九五
『幸徳・大杉・石川　日本アナキストの原像』秋山清・大沢正道　北日本出版　一九七一
『幸徳秋水研究　増訂版』絲屋寿雄　日本図書センター　一九九〇
『麺麭の略取』クロポトキン著　幸徳秋水訳　岩波書店　二〇〇三
「風々雨々――幸徳秋水と周圍の人々」師岡千代子
　『幸徳秋水全集』別巻一　明治文献　一九七二
「竹内善朔論――その生涯と思想」原英樹『初期社会主義研究』不二出版　二〇〇一
『幸徳秋水と小泉三申』鍋島高明　高知新聞社　二〇〇七
「管野須賀子の人間像」大岩川嫩『彷書月刊』彷徨舎　二〇〇八年二月号
『古河力作の生涯』水上勉　平凡社　一九七三

## 第四章

『大逆事件と知識人――無罪の構図』中村文雄　論創社　二〇〇九
『日本社会主義運動史』小山松吉　司法省刑事局　一九二九
『実録　幸徳秋水』神崎清　読売新聞社　一九七四
『平沼騏一郎回顧録』平沼騏一郎　平沼騏一郎回顧録編纂委員会　一九五五
「我懺悔の一節」峯尾節堂『新編獄中手記』神崎清編　世界文庫　一九六四
『峯尾節堂とその時代――名もなき求道者の大逆事件』中川剛マックス　風詠社　二〇一四
『秘録　大逆事件』上下巻　塩田庄兵衛・渡辺順三　春秋社　一九五九
『百年の手紙――日本人が遺したことば』梯久美子　岩波新書　二〇一四
「大逆事件の真実をあきらかにする会ニュース」第20号
　『大逆事件の真実をあきらかにする会ニュース第1号から第48号』ぱる出版
　二〇一〇
「大逆事件訴訟記録」『管野須賀子全集』三　清水卯之助編　弘隆社　一九八四
『大逆事件を生きる――坂本清馬自伝』坂本清馬　新人物往来社　一九七六

『大逆事件と今村力三郎』専修大学今村法律研究室編　専修大学出版局　二〇一二
『定本　平出修集』平出修　春秋社　一九六五
『大逆事件　森近運平　父上は怒り給うぬ』あまつかつ　関西書院　一九七二
『新編獄中手記』（「新村忠雄　獄中日記」新村忠雄）神崎清編　世界文庫　一九六四
『大逆帖』大逆事件の真実をあきらかにする会　平文社　一九八一

## 第五章

『平沼騏一郎と近代日本』萩原淳　京都大学学術出版会　二〇一六
『日本政治裁判史録　明治・後』松尾浩也　第一法規出版　一九七六
『桂太郎自伝』宇野俊一　校注　平凡社　一九九三
『人物叢書　桂太郎』宇野俊一　吉川弘文館　二〇〇六
『小林芳郎翁伝』望月茂　壱誠社　一九四〇
「巣鴨獄中談話　第一二回」平沼騏一郎
『平沼騏一郎回顧録』平沼騏一郎回顧録編纂委員会　一九五五
『思想検事』荻野富士夫　岩波新書　二〇〇〇

「治安維持法犠牲者に対する国家賠償法の制定に関する請願」第一九三回国会
請願の要旨　二〇一七
『二生を行く人——森鷗外』山崎一穎　新典社　一九九一
『森鷗外—国家と作家の狭間で』山崎一穎　新日本出版　二〇一二
『森鷗外全集』三　森鷗外　筑摩書房　一九九五
『大逆事件＝文学作家論』森山重雄　三一書房　一九八〇
『鷗外　森林太郎』森潤三郎　森北書店　一九四二
『啄木　晩年の社會思想』川並秀雄　時論社　一九四七
『解放の文学——一〇〇冊のこだま』音谷健郎　解放出版社　二〇一五
『逆徒「大逆事件」の文学』池田浩士　インパクト出版会　二〇一〇
『大塩平八郎・堺事件』森鷗外　岩波文庫　二〇一七
『石川啄木全集』石川啄木　筑摩書房　一九九三
『石川啄木と「大逆事件」』碓田のぼる　新日本新書　一九九〇
映画『百年の谺——大逆事件は生きている』「大逆事件」制作委員会　二〇一二
『わたしの回想』上・下　近藤真柄　ドメス出版　一九八一
『捨石埋草を生きて——堺利彦と娘近藤真柄』大森かほる　第一書林

『断髪のモダンガール――42人の大正快女伝』森まゆみ　文藝春秋　二〇〇八
『自己形成者の群像――新しい知性の創造のために』宮坂広作　東信堂　二〇〇七
『覚めよ女たち――赤瀾会の人びと』江刺昭子　大月書店　一九八〇
『朝日新聞復刻版』　日本図書センター　二〇〇四
『新宮市　大逆事件連座で処刑医師・大石誠之助を名誉市民に』
毎日新聞　二〇一六年一月一九日

# あとがき

管野須賀子の生涯をたどる旅は終わった。暗闇の中、ひとり歩を進めるような孤独な作業であった。

この長い旅路を彼方からずっと照らしてくれていたのが、大阪文学学校の音谷健郎チューターだ。氏は長く、朝日新聞社の学芸部に勤めておられた。

「ノンフィクション」とは何か——厳しくそして的確に示唆していただいた。そしてこの作品を書き上げることができたのは、折々にふれた氏の励ましの言葉だ。

また「管野須賀子を顕彰し名誉回復を求める会」の立石泰雄さんと上山慧さんには、貴重な歴史的アドバイスをいただいた。須賀子が生まれた大阪の地で、この会が果たしている役割は非常に大きい。

二〇一八年一月、新宮市は大逆事件に連座して処刑された大石誠之助に「名誉市民」の称号を贈った。この動きは以前よりあったが、市議会は不採択としていた。今回、議員有志から「国家の非をただすのが、地元の矜持《きょうじ》だ」との機運が高まり、賛成多数で可決され、市長が正式に決めたのである。田岡実千年《みちとし》市長は「大石の遺志を後世に継承し、功績を広く発信して顕彰したい」と語っている。

管野須賀子の真の姿——ジャーナリストとして「思想の自由」を追い求めた凛とした姿勢を、この評伝が伝えることになれば幸いである。そして多くの人に須賀子の実像を知ってもらえることが、彼女の名誉回復に繋がるのであれば、それは私の本望である。

最後にこの評伝が本の形になることができたのは、ひとえに郁朋社の佐藤聡さんのおかげである。この作品は、同社が主催した『第18回　歴史浪漫文学賞』の最終選考に残ることができた。そしてそこで佐藤さんから出版化のお話をいただいたのだ。佐藤さんからは、読者の方にとってどうすれば読みやすい作品となるか、細部に渡って丁寧なアドバイスを受けることができた。

この評伝に関わって下さったすべてのみなさんに、心からの感謝の気持ちを捧げます。

二〇一八年の夏を迎えようとする今——

五年にわたる安倍内閣による政治に、あの明治政府の復権を危惧する人も多い。
いつまでも「自由の翼」が、保障される国でありますように……。

二〇一八年六月

堀　和恵

**【著者紹介】**

堀　和恵（ほり　かずえ）

大阪市の天王寺に生まれる。
中学校に勤め、社会科を教える。
その後、大阪文学学校のノンフィクションのクラスで学ぶ。

評伝《ひょうでん》　管野須賀子《かんのすがこ》　――火《ひ》のように生《い》きて――

2018年8月21日　第1刷発行
2020年4月13日　第2刷発行

著　者 ― 堀《ほり》　和恵《かずえ》

発行者 ― 佐藤　聡

発行所 ― 株式会社　郁朋社《いくほうしや》

〒101-0061　東京都千代田区神田三崎町2-20-4
電　話　03（3234）8923（代表）
ＦＡＸ　03（3234）3948
振　替　00160-5-100328

印刷・製本 ― 日本ハイコム株式会社

落丁、乱丁本はお取り替え致します。

郁朋社ホームページアドレス　http://www.ikuhousha.com
この本に関するご意見・ご感想をメールでお寄せいただく際は、
comment@ikuhousha.com　までお願い致します。

 ISBN978-4-87302-674-9 C0095